イラストでパッと見

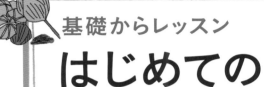

基礎からレッスン

オールカラー

CD付き

はじめての ベトナム語

欧米・アジア語学センター　寺田雄介／著

Xin chào

ナツメ社

はじめに

　本書を手に取っていただき、誠にありがとうございます！

　突然ですが、皆さんはどのような理由で「ベトナム語を勉強したい！」と思ったのでしょうか？　「旅先で使ってみたい」という方から「ベトナムに駐在が決まった！」というビジネス目的の方、はたまた「いま働いているバイト先にベトナム人がたくさんいるから」という方も近年珍しくはありません。

　ベトナムに行く人も、またベトナムから来る人も、本当に多くなりました。日本とベトナムの「近さ」を感じずにはいられません。

　ただ僕が思うのは、人もモノも行き来がどんどん盛んになるのに、「ベトナム語」だけは置いていかれている気がするのです。確かに英語だけでなく日本語も流暢（りゅうちょう）に話すベトナム人が増えました。翻訳ツールだって近年目覚ましい進化を遂げていますから、交流することに大きな障害はないのかもしれません。

　でも僕はぜひ皆さんに「あなたのベトナム語、とても上手ですね！」と言われたときの感動を味わってほしいのです！　そのことがキッカケで、現地のおみやげ屋さんは値引きしてくれるかもしれないし、ビジネ

スの取引先との関係は良好になるかもしれません。バイト先のグエンさんとの仕事が、いつも以上にはかどる可能性だってあります。

　誤魔化さずに言えば、ベトナム語は日本人にとって簡単な言語ではありません。文字こそアルファベットですが、とにかく発音が難しい。僕の場合、発音をきちんと言い分けるのに 1 か月かかりました。でも逆に難しい言語ほど、簡単な挨拶ができるだけで現地の人からビックリされ、感心・感動してもらえるのです。

　このテキストの構成は、旅行にも日常生活にも、そしてビジネスにも使える「欲ばり」なものとなっています。そのため内容ギッシリであるいっぽう、「どこから開いてもはじめられる」のが特長です。ベトナム語は音の言語なので CD は必聴です！　ぜひ併用してください。

　ベトナム語を携えた皆さん一人一人が、「日越友好の懸け橋」になってもらえることを心から願い、応援しています！

　それでは、はじめましょう！

寺田雄介

本書の使い方

　本書は、初級ベトナム語を4つのステップに分けて、文法やフレーズを学べるようにしてあります。

　実際の発音については、付属のCDを聞きながら学んでいきましょう。

ステップ1　まずはここから！ ベトナム語の基本

ベトナム語の文法の基本について解説しています。

発音は、CDを聞いて確認してください。

ステップ2　そのまま覚えればOK！ あいさつのことば

よく使うあいさつを、シチュエーション別にして紹介してあります。

ステップ3　覚えておきたい！基本のフレーズ

基本フレーズの構造と文法について解説しています。

基本フレーズを使った会話例を紹介してあります。

ステップ4　旅行もビジネスもバッチリ！場面別定番フレーズ

イラストを見ながら、語彙や場面別のフレーズを覚えましょう。

シチュエーション別に、使えるフレーズをあげてあります。

2 CDマークとトラックナンバーです。CDの再生したい箇所の番号を選んで、発音の練習をしましょう。

ステップ 1 　まずはここから！　ベトナム語の基本

ステップ 2 　そのまま覚えればOK！　あいさつのことば

ステップ4　旅行もビジネスもバッチリ！　場面別定番フレーズ

●ベトナム語校正　　　タオ・ティ・トゥ
●イラスト　　　　　　すぎやまえみこ
●録　　音　　　　　　一般財団法人 英語教育協議会 (ELEC)
●ナレーター　　　　　タオ・ティ・トゥ　グェン・カオ・ヴィエット・フン　水月優希
●編集協力・DTP　　　オフィスミィ
●編集担当　　　　　　山路和彦 (ナツメ出版企画株式会社)

まずはここから！
ベトナム語の基本

ベトナム語について

まずはベトナム語の成り立ちを知りましょう。

ベトナム語はどんな
言語なのですか？

中国漢字にならった文字
がアルファベット表記に
変わり、中国語などと同
様に音の上げ下げがある
「声調言語」です。

 キン族のベトナム語が一般的に使われている

　多民族の国ベトナムには、54の民族が住んでいます。いちばん人口が多い民族はキン（Kinh）族で、ベトナム人口の約86%を占め、一般的に使われているのはこのキン族が話しているベトナム語になります。

　また、ベトナム語は地域ごとに方言があり、北部、中部、南部と大きく3つに分かれています。このテキストでは、共通語と言われる北部のハノイ方言にならって学習を進めるようになっています。

 音の上げ下げがある声調言語

　ベトナム語は中国語などと同じく、単語ひとつひとつに音の上げ下げをつけることで、意味をもたせる「声調言語」となります。

　ベトナム語最大の特徴であり、日本人にとってなじみのない言語体系ですね。あとでくわしく書きますが、たとえばベトナム語のあいさつであるchào［チャオ↘］も、間違って語尾を上げてcháo［チャオ↗］と言ってしまうと、「おかゆ」と聞こえてしまうのです。

ベトナム語のアルファベット

　現在ベトナム語は、クオック・グー(quốc ngữ)と呼ばれる、アルファベットの F、J、W、Zを使用せず、Ă、Â、Đ、Ê、Ô、Ơ、Ưの7文字が加わった29文字 で表記されています。

　英語と同じように、文章の始まりや固有名詞については、最初の文字は大文字 が用いられます。

アルファベット		読み	アルファベット		読み	アルファベット		読み
A	**a**	アー	**H**	**h**	ハッ	**Q**	**q**	クイー
Ă	**ă**	アー	**I**	**i**	イ	**R**	**r**	ゾー
Â	**â**	アー	**K**	**k**	カー	**S**	**s**	ソー
B	**b**	ボー	**L**	**l**	ロ	**T**	**t**	テー
C	**c**	コー	**M**	**m**	モー	**U**	**u**	ウー
D	**d**	ゾー	**N**	**n**	ノー	**Ư**	**ư**	ウー
Đ	**đ**	ドー	**O**	**o**	オー	**V**	**v**	ヴォー
E	**e**	エー	**Ô**	**ô**	オー	**X**	**x**	ソー
Ê	**ê**	エー	**Ơ**	**ơ**	オー	**Y**	**y**	イー
G	**g**	ゴー	**P**	**p**	ポー			

第2課 ベトナム語の声調

ベトナム語には6つの声調があります。

声調とはどんなものですか？

音のイントネーションの変化のことで、同じつづりの単語でも音の変化で意味は変わってきます。

 6つの声調の特徴

　ベトナム語は、音ひとつひとつが独立して高さをもっています。そのアクセントは6つあり、「声調」と呼ばれています。ベトナム語を習ううえで、最も重要かつ難しいところですね。声調の種類は、主母音の上か下につけられた記号によって判断します。maの例で見てみましょう。

第1声 thanh ngang	**ma**	単語には声調記号がつかず、平音でやや長めに発音します。
第2声 thanh huyền	**mà**	声調記号は（à）、少し低い音で始め、下がるように発音します。
第3声 thanh sắc	**má**	声調記号は（á）、少し高い音で始め、早く鋭く上昇させます。
第4声 thanh hỏi	**mả**	声調記号は（ả）、ゆっくりと低い音に下げ、再びもとの高さまで上げます。
第5声 thanh ngã	**mã**	声調記号は（ã）、やや高い音で「マ」を発音し、喉で絶ってから早く上げます。
第6声 thanh nặng	**mạ**	声調記号は（ạ）、「マ」の発音で急に音を下げ、短く発音します。

[6つの声調のイメージ]

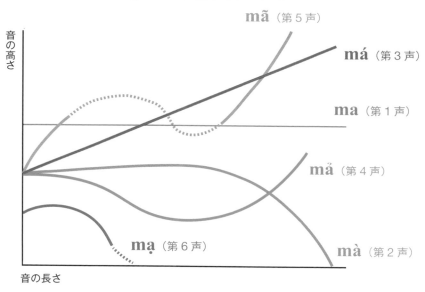

音の高さ

mã（第5声）

má（第3声）

ma（第1声）

mả（第4声）

mạ（第6声）

mà（第2声）

音の長さ

 声調による意味の違い

maに声調記号がつくことで、それぞれ意味は異なってきます。

第1声	ma	➡	霊
第2声	mà	➡	しかし
第3声	má	➡	頬
第4声	mả	➡	お墓
第5声	mã	➡	（死者と燃やす）張り子の馬
第6声	mạ	➡	稲

　日本語のカタカナにしてしまえばすべて「マ」となってしまいますが、それぞれまったく意味の違う単語なのです。

母 音

ベトナム語には 12 の母音があります。

日本語と比べると母音の数が多いですね！

そうですね。聞きなれない発音が多いのでしっかり聞いて覚えましょう。

 ベトナム語の母音

ベトナム語には、次の12の母音があります。CDで音を確認してください。

a	日本語の「ア」と同じように発音しますが、口を大きく開け、少し長めに声を出します。
ă	「a」の発音の仕方とほぼ同じですが、短く発音します。
â	日本語の「ア」と「オ」の間のような音で、短く発音します。
e	口を大きく横に開き気味にし、舌は低い位置で日本語の「エ」を発音します。
ê	口を軽く開け、日本語の「エ」とほぼ同じく発音します。
i	日本語の「イ」より唇を横に引き、少し長くのばして発音します。

o	口を大きく広げ、舌を奥に引きながら「オ」を発音します。
ô	口を丸く狭めて、「オ」を長めに発音します。
ơ	口を横に引きながら、長めに「オ」を発音します。
u	口を丸く狭めて、突き出して「ウ」を発音します。
ư	口を横に開いて、長めに「ウ」を発音します。
y	「i」と同じ発音をします。 ＊場合により、音の長さが i より長くなります。（y はベトナム語では母音として扱われます）

 ## ベトナム語の二重母音

二重母音には、次の6つがあります。

ia	「i」は、はっきりと長く、「a」は曖昧（あいまい）な感じで発音します。
ua	「u」は、はっきりと長く、「a」は曖昧な感じで発音します。
ưa	「ư」は長く、「a」は曖昧な感じで発音します。
iê / yê	「i / y」のほうを強く長く発音します。
uô	「u」をやや長めに、「ô」は曖昧な感じで発音します。
ươ	「ư」をやや長めに、「ơ」は曖昧な感じで発音します。

第4課 子 音

ベトナム語の子音は、頭子音と末子音の2種類があります。

子音はどれくらい
ありますか？

頭子音が26、末子音
が8の合計34個です。
実際に声に出して練習
してみましょう。

 ベトナム語の頭子音

　頭子音とは、母音の前に来る子音で、「無声音」「有声音」「無気音」「有気音」があります。

b	日本語でいうところの「バ行」にあたります。	バオ **báo** 新聞 ビエット **biết** 知る
c/k	日本語でいう「カ行」にあたります。c/k とも発音は同じですが、後に続く母音によって書き分けられます。	クー **cũ** 古い キア **kia** あの
ch / tr	日本語でいう「チャ行」にあたります。	チョー **chó** 犬 チャー **trà** お茶
d gi r	日本語でいう「ザ行」にあたります。d と đ の読み間違いに注意しましょう。 また r は「ラ行」ではないことにも注目ですね。南部だと r は巻き舌を使って発音するので「ラ行」に近い発音に変化します。	ゼー **dễ** 簡単な ゾー **giờ** 時 ゾイ **rồi** すでに
đ	日本語でいう「ダ行」にあたります。	ディー **đi** 行く ドック **đọc** 読む
g / gh	日本語でいう「ガ行」にあたります。g と gh の発音は同じですが、後に続く母音によって書き分けられます。	ガー **ga** 駅 ゲー **ghế** 椅子

h	日本語でいう「ハ行」にあたります。	ハイ **hai** ホー **hồ**	2 湖
kh	「摩擦音」と呼ばれる音で「カ行」を発音しながら、喉を狭くして強く鳴らすようにします。	ヘン **khen** ホン **không**	ほめる いいえ
l	英語の「L」と同じように発音し、日本語でいう「ラ行」にあたります。	ラー **lá** ロン **lớn**	葉 大きい
m	日本語でいう「マ行」にあたります。	メオ **mèo** モイ **mới**	ネコ 新しい
n	日本語でいう「ナ行」にあたります。	ナン **nặng** ノン **nóng**	重い 暑い/熱い
ng **ngh**	g/gh の音の前に「ン」という鼻濁音を加えて発音してください。ng*とnghは発音が同じですが、後に続く母音によって書き分けられます。	コン **ngon** ギー **nghỉ**	おいしい 休む
nh	日本語でいう「ニャ行」と「ニ行」にあたります。	ニャー **nhà** ニン **nhìn**	家 見る
p	日本語でいう「パ行」にあたります。pで始まる単語は外来語か地名がほとんどです。	ピン **pin**	電池
ph	英語の f と同じ発音で、日本語でいう「ファ行」にあたります。	ファップ **Pháp** フォー **phở**	フランス フォー
q	q にはその後必ず u を伴います。発音は日本語の「ク」に近いです。	クアー **quá** クエー **quê**	～すぎる 故郷
s / x	英語とほぼ同じ発音です。日本語でいう「サ行」にあたります。	サイック **sách** サー **xa**	本 遠い
t	日本語でいう「タ行」にあたりますが、息を出さない無気音です。	トー **to** テン **tên**	大きい 名前
th	有気音と呼ばれる子音で、強い息を伴って発音します。	ティック **thích** トゥック **thuốc**	好き 薬
v	英語の v と同じで、上の歯に下の唇を軽くつけて、発音します。	ヴァン **vâng** ヴィエット **viết**	はい 書く

＊ベトナム人で最も多い名字である **Nguyễn**（グエン）もこの発音です。

 末子音

末子音とは母音の後に来る子音で、発音のとき閉じた唇をあまり開けないようにします。8文字あります。

❶ 発音するとき、息を鼻のほうへ通す末子音

~ m	日本語の「ム」ですが、発音の最後、口を閉じます。	^{セム} **xem** 見る ^{カーム} **cảm** 感じる
~ n	日本語の「ン」ですが、最後に舌の先は上の歯茎(内側)につけます。	^{アン} **ăn** 食べる ^{ビエン} **biển** 海
~ ng	舌を奥のほうで低くしたまま、口を開けます。(「ング」とは言いません)。しかし、直前の母音が o、ô、u なら、口を開けた直後、発音しながら唇を閉じます。	^{ティエン} **tiếng** ～語・～時間 ^{ホアン} **khoảng** およそ ^{ホン} **không** いいえ ^{クン} **cũng** ～も
~ nh	唇を左右に強めに引きます。「～イン」と聞こえます。 ＊末子音 ~n との音の違いに注意！	^{アイン} **anh** 年上の男性 ^{バイン} **bánh** パン

❷ 発音するとき、口は構えだけで音を外に出さない末子音

~ p	口の構えは「ップ」ですが、実際は唇を閉じて息を外に出しません。	^{デップ} **đẹp** 美しい ^{タップ} **thấp** 低い
~ t	口の構えは「ット」ですが、最後は舌先を上の歯茎につけ、唇を閉じます。	^{ニャット} **Nhật** 日本 ^{トット} **tốt** よい
~ c	口の構えは「ック」ですが、舌を奥のほうで低くしたまま、口を開けます。しかし直前の母音が o、ô、u なら、唇を閉じながら発音します（最後に口を閉じます）。	^{チュック} **trước** 前 ^{カック} **các** 各々の ^{ホック} **học** 勉強する ^{トック} **tóc** 髪
~ ch	口の構えは「ック」や「ッチ」です。唇を左右に強く引きます。	^{ティック} **thích** 好き ^{カイック} **cách** ～の仕方

　いかがでしょうか？　英語のアルファベットのような読み方をしている音もあれば、ベトナム語独特の音もありますね。まずイメージしやすいアルファベット読みで読める単語を覚え、だんだんと特徴的な子音をマスターしていくのがおススメです。

漢越語の概念を知ろう

現在はアルファベット表記のベトナム語です。これは17世紀にヨーロッパからやってきた宣教師の布教活動の際、アルファベットが使われ、それが爆発的に普及したためです。それ以前は日本や中国と同じように漢字が使われていました。「漢越語」と呼ばれ、現在のベトナム語の基盤となっています。

例 **Trung Quốc** <ruby>チュン<rt></rt></ruby><ruby>コック<rt></rt></ruby>　中国　　**ý kiến** <ruby>イー<rt></rt></ruby><ruby>キエン<rt></rt></ruby>　意見

そのため、ベトナム語の単語や熟語の成り立ちも、下の図のように表せます。
すべてのベトナム語が該当するわけではありませんが、アルファベットの中に隠されている漢越語の概念を知っておくと、単語を覚えるとき有利ですし、イメージもしやすいですね！

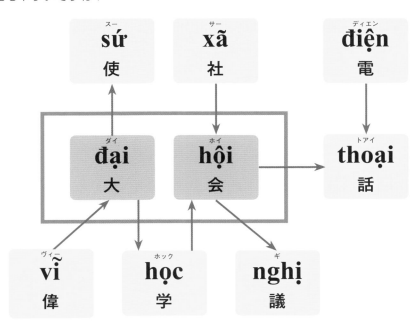

本当だ！ 漢越語を知ると単語が理解しやすいですね。

第5課　人称代名詞

人称代名詞は相手との関係などによって使い分けます。

ベトナム語で「私」や「あなた」はどのように言いますか？

年齢や性別など、相手との関係や場面によって使い分けています。

 人称代名詞の使い分け

　人称代名詞は「私」や「あなた」などの人を指すときに使う代名詞のことです。ベトナム語の人称代名詞は、「相手の性別と、自分との年齢差」で使い分けなければいけません。下の表は、人称代名詞を整理したものです。

	年　齢	男　性	女　性
自分より年上	◆おじいさん、おばあさんくらい ◆おじさん、おばさんくらい ◆お兄さん、お姉さんくらい 　（ビジネスでは同僚でもよく使う）	オン **ông** チュー　バック **chú, bác** アイン **anh**	バー **bà** コー　バック **cô, bác** チ **chị**
同じ年	◆私 ◆同じ年の友だちくらい 　（かなり親しい間柄、友だち感覚 　で使う）	トイ **tôi** バン **bạn**	
自分より年下	◆弟、妹くらい年下 ◆息子、娘、それ以上年下	エム **em** チャウ **cháu**	

また、ベトナム語の三人称は、〈人称代名詞＋ẩy〉で表現できます。つまり、「彼女（自分より年上）」であれば、chị ẩy、cô ẩy となります。

複数形にしたい場合は、〈các ＋人称代名詞〉で表現できます。「あなたたち（自分より年上の男性たち）」は các anh となります。そして三人称の複数形は〈các ＋人称代名詞＋ẩy〉と重ねます。「彼ら」＝ các anh ẩy となるわけです。

例 **Cô ẩy là cấp trên của tôi.**　　彼女は私の上司です。
　　彼女　です　上司　〜の　私

Các anh ẩy đều là người Nhật Bản.　　彼らは皆日本人です。
　　彼ら　そろって　です　日本人

 ### 人称代名詞で敬称を表すこともできる

人称代名詞の異なる用法として、英語の Mr. や Mrs. として使うことができます。日本語の「〜さん」ですね。

「田中さん」であれば、Anh Tanaka となります。このときも、相手の性別や年齢差を意識して、使い分ける必要があります。

例 **Anh Yamada đi ra ngoài rồi.**　　山田さんは出かけました。
　　〜さん　山田　行く　外　（過去形）

Cô Nga là cô giáo của tôi.　　ガーさんは私の先生です。
　　〜さん　ガー　です　先生（女性）　〜の　私

最後に、tôi は「私」としてきましたが、「私」も性別、相手との年齢差によって人称代名詞が変わります！　たとえば、「私」が30代の男性で、相手が20代だったら、自己紹介は Anh là Tanaka「私は田中です」となるわけです。

第6課 おもな文型

ベトナム語の文型は比較的シンプルです。

ベトナム語は英語の文型に似ていますね。

はい。比較的シンプルな文型なので、覚えた単語と合わせればベトナム語の習得にグッと近づきます！

 主語＋動詞＋目的語が基本的な文型

声調の概念、日本語より種類の多い母音、そして特殊な読み方の子音など、日本人にとってなじみの薄い特徴があるベトナム語ですが、その文型は比較的シンプルです。

基本的には「英語と同じように〈主語＋動詞＋目的語〉のSVOの形をとる」とまず理解していただければ大丈夫です。

	トイ	ラー	グィ ニャット バン	
例	**Tôi**	**là**	**người Nhật Bản.**	私は日本人です。
	私	～です	日本人	
	S	V	O	

	トイ	ホック	ティエン ヴィエット	
	Tôi	**học**	**tiếng Việt.**	私はベトナム語を勉強します。
	私	勉強する	ベトナム語	

動詞や形容詞は語形変化をしない

　また、ベトナム語には英語のように動詞や形容詞に語形変化（go-went-goneなど）はありません。過去形にしたければ đã を、未来形にしたければ sẽ という時制を変える語を動詞の前につければOKです。

　そして「てにをは」の助詞もベトナム語にはありませんので、シンプルに、順番通りに単語を並べていけば文になります。

例 **Tôi đang học tiếng Việt.**　私はベトナム語を勉強しています。
<small>トイ　ダン　ホック　ティエン　ヴィエット</small>

Tôi đã học tiếng Việt.　私はベトナム語を勉強しました。
<small>トイ　ダー　ホック　ティエン　ヴィエット</small>

Tôi sẽ học tiếng Việt.　私はベトナム語を勉強します。
<small>トイ　セー　ホック　ティエン　ヴィエット</small>

 ## 疑問文・否定文の作り方

　基本的な動詞文・形容詞文は、肯定文の後ろに「 ... không?」をつければ、疑問文にすることができます。

例 **Anh học tiếng Việt không?**　あなたはベトナム語を勉強しますか？
<small>アイン　ホック　ティエン　ヴィエット　ホン</small>
<small>あなた　勉強する　ベトナム語　〜か</small>

Bánh này ngon không?　このパンはおいしいですか？
<small>バイン　ナイ　ゴン　ホン</small>
<small>パン　この　おいしい　〜か</small>

　否定文にするときには、動詞や形容詞の前に「không phải ... 」か「không ... 」を付けます。

例 **Tôi không học tiếng Việt.**　私はベトナム語を勉強しません。
<small>トイ　ホン　ホック　ティエン　ヴィエット</small>
<small>私は　〜しない　勉強する　ベトナム語</small>

Bánh này không ngon.　このパンはおいしくありません。
<small>バイン　ナイ　ホン　ブン</small>
<small>パン　この　〜ではない　おいしい</small>

数字の表し方

ベトナム語では数字をどのように表すのか見ていきましょう。

ベトナム語で数字はどのように表しますか？

百の位までは数え方が日本語と似ています。千以上では3桁ごとの区切りを表す言葉を組み合わせて表現します。

🌸 1 ～ 10 の表し方

1 ～ 10は基本的な数字なので、まずはここから覚えていきましょう。日常生活や仕事のシーンなどで数字はよく出てきますので、数字を理解し発音できるようになるとコミュニケーションの幅が広がります。

数	ベトナム語	読み方	数	ベトナム語	読み方
0	không / linh※	ホン / リン	6	sáu	サウ
1	một	モット	7	bảy	バイ
2	hai	ハイ	8	tám	タム
3	ba	バー	9	chín	チン
4	bốn	ボン	10	mười	ムォイ
5	năm	ナム			

※ linh は、101 などの十の位のゼロに使われる。
ゼロ単体のときは không を使う

10 〜 99 の表し方

0 〜 99 の表し方は日本語と似ているので感覚的に理解しやすいです。

例 11 = mười một〈mười（10）+ một（1）〉
ムォイ モット　ムォイ　　　　　　モット

99 = chín mươi chín〈chín mươi（90）+ chín（9）〉
チン ムォイ チン　　チン ムォイ　　　　チン

以下の場合、語句や発音に変化がありますので気をつけましょう。

■ 十の位が 1 〜 9 のとき
・「一の位の 5」が năm → lăm
　　　　　　　　　ナム　　ラム

■ 十の位が 2 〜 9 のとき
・「20 〜 99 の 10」が mười → mươi（「ờ」の声調記号がなくなる）
　　　　　　　　　　ムォイ
・「21, 31 ... 81, 91 の 1」が một → mốt（「ộ」の声調記号が「ố」に変わる）
　　　　　　　　　　　　　　　　　　　モット
・「24, 34 ... 84, 94 の 4」は bốn のほか tư も使います
　　　　　　　　　　　　　　　ボン　　　　トゥー

＊日本語で言う「にじゅうよん」「にじゅうし」などの感覚に近い表現です。

数	ベトナム語	読み方	数	ベトナム語	読み方
11	mười một	ムォイ モット	21	hai mươi mốt	ハイ ムォイ モット
12	mười hai	ムォイ ハイ	30	ba mươi	バー ムォイ
13	mười ba	ムォイ バー	40	bốn mươi	ボン ムォイ
14	mười bốn	ムォイ ボン	50	năm mươi	ナム ムォイ
15	mười lăm	ムォイ ラム	60	sáu mươi	サウ ムォイ
16	mười sáu	ムォイ サウ	70	bảy mươi	バイ ムォイ
17	mười bảy	ムォイ バイ	80	tám mươi	タム ムォイ
18	mười tám	ムォイ タム	90	chín mươi	チン ムォイ
19	mười chín	ムォイ チン			
20	hai mươi	ハイ ムォイ			

100 以上の数の表し方

日本とは違う表現になりますので、表し方のルールをしっかり把握しましょう。

例 67.000 = sáu mươi bảy nghìn〈sáu mươi bảy（67）+ nghìn（.000）〉
890.000.000 = tám trăm chín mươi triệu
〈tám trăm chín mươi（890）+ triệu（.000.000）〉

1.234.567.000
= một tỷ hai trăm ba mươi bốn triệu năm trăm sáu mươi bảy nghìn

＊.（ピリオド）ごとに分解して考えてみましょう（ベトナムでは数字の区切りの「,
（カンマ）」は「.（ピリオド）」で表します）。

1.000.000.000 = một tỷ
234.000.000 = hai trăm ba mươi bốn triệu
567.000 = năm trăm sáu mươi bảy nghìn

2.001など間に0が2つ入る場合、百の位の0はkhông trăm、十の位の0は
linhと表します。

例 2.001 = hai nghìn không trăm linh một

数	ベトナム語	読み方
100	một trăm	モット チャム
200	hai trăm	ハイ チャム
300	ba trăm	バー チャム
400	bốn trăm	ボン チャム
500	năm trăm	ナム チャム
600	sáu trăm	サウ チャム
700	bảy trăm	バイ チャム
800	tám trăm	タム チャム
900	chín trăm	チン チャム
1.000	một nghìn	モット ギン

1.001	một nghìn không trăm linh một	モット ギン ホン チャム リン モッ
10.000 （1万）	mười nghìn	ムォイ ギン
100.000 （10万）	một trăm nghìn	モット チャム ギン
1.000.000 （100万）	một triệu	モット チエウ
10.000.000 （千万）	mười triệu	ムォイ チエウ
100.000.000 （1億）	một trăm triệu	モット チャム チエウ
1.000.000.000 （10億）	một tỷ	モット ティー
10.000.000.000 （100億）	mười tỷ	ムォイ ティー
100.000.000.000 （千億）	một trăm tỷ	モット チャム ティー
1.000.000.000.000 （1兆）	một nghìn tỷ	モット ギン ティー

 そのほかの表現

「半分」は một nửa と言います。
　　　　　 モット ヌア

例 **Cho tôi một nửa cái bánh.**　そのケーキを半分ください。
　　チョー トイ モット ヌア カイ バイン
　　ください 私に　半分　～個 ケーキ

「○分の○」と表すときの分数の記号は phần と言います。
　　　　　　　　　　　　　　　　　　　　 ファン

例 **Hãy cho thêm 1/2** (một phần hai) **cốc nước.**
　　ハイ チョー テム　　　モット ファン ハイ　コック ヌオック
　（命令形）ください 加える 2分の1　　　　　　　コップ　水

　カップ 1/2 の水を加えてください。

ベトナムのお金について

　ベトナムの通貨はベトナムドン（VND、**đ**）で、現在流通しているのは紙幣のみです。硬貨も使われていましたが浸透しなかったため、2011 年以降は鋳造が中止されています。

　紙幣の表は建国の父ホーチミン氏の肖像画ですべて統一されており、裏には有名な場所の建物や風景などが描かれています。

　買い物をする際、頭の中で日本円に換算できると、ある程度お金を管理しやすくなります。「下 2 ケタの 0 を抜いて 2 で割る」 と簡単です。たとえば、40.000VND → 400 → 400 ÷ 2 = 200 円程度です。

　ベトナムでよくある値段表記として、たとえば「40k」というふうに 1.000 を表す k を付けて 「40.000」 を表します。k を抜いてただ数字を書かれていることもあるため最初は戸惑うかもしれませんが、0 の数が多いベトナムではこの表し方が割と一般的です。

　また、日本では 1 円単位でお金を支払いますが、ベトナムでは 1 単位の通貨がないため 1.000 未満の金額は切り上げ、あるいは切り捨てされることもしばしばあります。スーパーなどでお釣りをもらう際、お金の代わりにアメやチョコを渡されることもありますが、少額紙幣を切らしていたりするとそうなるのでそのあたりは大目にみましょう。

ステップ**2**

そのまま覚えれば OK！
あいさつのことば

基本のあいさつ

⑨

ベトナムではあいさつの際に握手をするのがマナーです。

> シン　チャオ
> # Xin chào !
> こんにちは！

> チャオ　アイン
> # Chào anh!
> こんにちは！(同年代～年上の男性に)

　ベトナム語では「おはよう、こんにちは、こんばんは」はすべて同じ言葉で表せます。すぐに再会できる相手には「さようなら」という意味で chào を使うことができます。また、ベトナムは年上の相手を敬う文化が強いので、あいさつをするときには、相手の年齢・性別を考えて人称代名詞（→ p.22）をうまく使い分けましょう！

例 **Chào cô Lan.**　こんにちはランさん（女性）。
チャオ　コー　ラン
こんにちは　～さん　ラン

Chào ông.　こんにちは（相手は年上の男性）。
チャオ　オン
こんにちは　～さん

Xin chào các bạn!

シン チャオ カック バン

みなさんこんにちは！

cácは複数形にするときに
使われます。

Xin chào anh.

シン チャオ アイン

こんにちは！

xinと人称代名詞（anh「年
上の男性」）を同時に使っ
てもかまいません。

Có khỏe không?

コー ホェ ホン

お元気ですか？

khỏeは「元気な」という形容詞です。
kh…は摩擦音です（→p.19）。

Tôi rất khỏe.

トイ ザット ホェ

とても元気です。

rấtは「とても」という意味で、形容詞の前
に置きます。

初対面のあいさつ

ベトナム人は初対面でも名字は名乗らず、
名前のみであいさつをする場合が多いです。

テン　アイン　ラー　ジー
Tên anh là gì?

名前は何ですか？

ジー
gìは「何」の意味です。

テン　　トイ　ラー　　フン
Tên tôi là Hùng.

私の名前はフンです。

名字はベトナム語
でhọと言います。
ベトナム人の名前
は、日本語と同じ
ように「名字＋名
前」の順番で読み
ます。

アイン　　　バオ　　　ニュウ　　　トゥォイ
Anh bao nhiêu tuổi?

何歳ですか？

バオ　ニュウ
bao nhiêuは「いくつ？」という数をたずねる
疑問詞です。tuổiは「〜歳」という意味です。
ベトナム語は、相手との年齢差で主語を使
い分けるので、相手の年齢がわかると、ス
ムーズに会話が進みます。

Rất vui được gặp chị.

<small>ザット ヴイ ドゥオッ ガップ チ</small>

お会いできてとてもうれしいです。

cũngは「〜も」という意味です。
日本語でいう「私も（そう）です」
と省略する場合は、Tôi cũng
vậy.と言います。

Tôi cũng rất vui được gặp anh.

<small>トイ クン ザット ヴイ ドゥオッ ガップ アイン</small>

私もあなたに会えてとてもうれしいです。

Tôi đến từ Nhật Bản.

<small>トイ デン トゥー ニャット バン</small>

日本から来ました。

đếnは「来る」、từは「〜から」、Nhật Bản
は「日本」です。

Tôi là người Nhật.

<small>トイ ラー グィ ニャット</small>

私は日本人です。

〈người＋国名〉で「〜人」と表現できます。
người Nhật Bảnでも「日本人」となります。

35

別れのあいさつ

別れ際も しっかりあいさつして、よい印象を！

タム　ビエット
Tạm biệt.

さようなら。

丁寧に言う場合は Xin tạm biệt. とxinを頭につけてください。

アイン　ディー　ニェー
Anh đi nhé.

行くね。

điは「行く」です。

別れのあいさつに限らず、語尾に… nhéという文末詞を用いることで、文全体が柔らかく、親しみがこもった感じになります。老若男女問わず使える表現なので、気軽に使ってみてくださいね！

シン　　　フェップ　　トイ　ヴェー　　チュック
Xin phép tôi về trước.

お先に失礼します。

シン　フェップ　　　　　　　　　　　　ヴェー　チュック
Xin phép は「失礼します」、về trước
は「先に帰る」という意味です。別々
に使ってもよいですね。

グー　　　　　　ゴン
Ngủ ngon.

おやすみなさい。

グー
ngủ は「寝る」ですが、
ゴン
ngon はもともと「おい
しい」という意味があ
ります。

マイン　　　　　ホエ
Mạnh khoẻ.

お元気で。

ヘン　　　ガップ　ライ
Hẹn gặp lại.

また会いましょう。

マイン
mạnh は「強い」という
意味です。

ヘン　ガップ　ライ
Hẹn gặp lại の直訳は「また会うこ
とを約束する」という意味です。

37

呼びかけのあいさつ

12

会話のきっかけをつかみましょう。

ア ロー
A lô.

もしもし。

電話口で使います。

ラウ　　クア　　モイ　　ガップ
Lâu quá mới gặp.

お久しぶりです。

Lâu ngày thế と気さくに話しかけることもできます。lâu は「（期間が）長い」、ngày は「日」です。

Chị ơi.
（チ　オーイ）

あのう、すみません。

Em ơi! や Anh ơi! など、相手に呼びかけるときに "〜ơi" を使います。レストランなどで使えますね。日本語の「オイ！」と音は似ていますが、決して乱暴な表現ではありません。

Cố gắng nhé!
（コウ　ガン　ニェー）

がんばってね！

相手を励ます場合に使います。落ち込んでいる人や、スポーツの応援などのシーンでも使えます。

Xin mời.
（シン　モイ）

どうぞ。

日本語の「どうぞ」とかなり意味が近い表現です。部屋に招いたり、席を譲ったり、食事をふるまったりと、さまざまなシーンで使えます。

ステップ**2**　そのまま覚えればOK！　あいさつのことば

39

返事のことば

テンポよく返答できると会話が楽しくなります。

ヴァン
Vâng.

はい。

文末に … ạという文末詞をつけると、相手を敬う表現ができます。たとえば Vâng は Vâng ạ となりますが、単語同士の音がつながって「ヴァンガ」と聞こえることがあるので、聞き逃さないようにしてくださいね。

ホン
Không.

いいえ。

断る、否定する等の場合に使います。目上の人に対してはạを付けて Không ạ. とすると丁寧です。

ホン　　ビエット
Không biết.

知りません／わかりません。

情報がない、状況が把握できないなどの場合に使います。
biết「知っている」をKhôngで否定する形です。

40

コー
Có.

あります／います。

何かがある、誰かがいる
場合に使います。

ホン　　コー
Không có.

ありません／いません。

何かがない、誰かがいな
い場合に使います。

エム　コー　サオ　　ホン
Em có sao không?

どうしたの（大丈夫）？

エム　　ホン　サオ
Em không sao.

大丈夫です。

相手や場面によって答える側である「私」の人称代名詞が変わることもあります（ビ
ジネスや公の場面では「tôi」にするなど）。

第6課 同意・肯定することば

共感の気持ちをアピールしましょう。

Tất nhiên.
（タット ニエン）

もちろんです。

依頼されたとき、当たり前のことを聞かれた
とき、再会を誓うときなどの場面で使います。

được（ドゥオック）は「できる、許可する」、chứ（チュー）は
意味を強める働きがあります。
最近ではOK（オーケー）と言っても通じます。

Được chứ.
（ドゥオック チュー）

いいですよ。

Vâng, đúng vậy.

ヴァン　　　　ドゥン　　　ヴァイ

はい、その通りです。

相手に確認されたときに、間違いなく同意する気持ちを表すときに使います。

Tôi hiểu rồi.

トイ　　ヒェウ　　ゾイ

わかりました。

「理解しました」→「わかりました」という意味です。

Thế à.

テー　　アー

そうなんですか。

目上の人に対しては、Thế ạと文末詞を変えてください。

Giỏi quá.

ゾーイ　　　クア

すごいですね／上手ですね。

相手をほめたり、尊敬の気持ちを伝えるときに使います。

第 **7** 課

食事の表現

食事のシーンをより楽しくするために。

アン　コム　チュア
Ăn cơm chưa?

ご飯を食べましたか？

チュン　ター　ディー　アン　コム　ディー
Chúng ta đi ăn cơm đi.

食べに行きましょう。

英語のLet's ... に近い表現です（→p118）。

トイ　モイ
Tôi mời.

おごりますよ。

直訳は「私が（あなたを）誘います」という意味です。

Món này thích.
（モン　ナイ　ティック）

好き。

Món này ngon.
（モン　ナイ　ゴン）

おいしい。

「嫌い」はghét（ゲット）という単語がありますが、直接的な表現を避け、「好き」の否定語であるkhông thích（ホン ティック）を使いましょう。

Món này không thích.
（モン　ナイ　ホン　ティック）

嫌い。

Đói bụng.
（ドイ　ブン）

おなかがすいた。

bụng（ブン）は「おなか」ですが、じつはđói（ドイ）のみで「（おなかが）すいた」という意味になります。Đói quá!（ドイ クア）で「おなかペコペコ」ですね。ちなみに反対の意味の「おなかいっぱい」はNo quá!（ノー クア）です。

Chúc sức khỏe!
（チュック　スック　ホエ）

乾杯！

直訳は「健康に幸あれ！」という意味。ですので「乾杯」以外のシーンでも使うことができます。「乾杯」といえばmột, hai, ba, zô（モッ ハイ バ ゾー）などの掛け声も代表的です。

45

第8課 感謝のことば

にっこり笑って感謝の気持ちを伝えましょう。

漢越語では **cảm**【感】**ơn**【恩】と表され、「恩を感じる」と読めます。

カム　オン　　　カム　オン
Cám ơn. / Cảm ơn.

ありがとう。

シン　カム　オン　　　シン　カム　オン
Xin cám ơn. / Xin cảm ơn.

ありがとうございます。

より丁寧な言い方です。

46

Không có gì. / Không có chi.

<ruby>Không<rt>ホン</rt></ruby> <ruby>có<rt>コー</rt></ruby> <ruby>gì<rt>ジー</rt></ruby> / <ruby>Không<rt>ホン</rt></ruby> <ruby>có<rt>コー</rt></ruby> <ruby>chi<rt>チー</rt></ruby>

どういたしまして。

意味は「何でもないです」から転じて「どういたしまして」となっています。Không sao.「大丈夫です」でも代用できます（→p48）。

Tôi cảm ơn rất nhiều.

<ruby>Tôi<rt>トイ</rt></ruby> <ruby>cảm<rt>カム</rt></ruby> <ruby>ơn<rt>オン</rt></ruby> <ruby>rất<rt>ザット</rt></ruby> <ruby>nhiều<rt>ニュウ</rt></ruby>

本当にありがとうございます。

rất nhiềuが「とても多く」という形容詞。

Rất biết ơn.

<ruby>Rất<rt>ザット</rt></ruby> <ruby>biết<rt>ビエット</rt></ruby> <ruby>ơn<rt>オン</rt></ruby>

心から感謝いたします。

「心から深く感謝を申し上げる」という意味をもっています。

ステップ**2** そのまま覚えればOK！ あいさつのことば

おわびのことば

相手に迷惑をかけてしまったら、おわびの気持ちを伝えましょう。

シン ロイ
Xin lỗi.

ごめんなさい、すみません。

間違ったり迷惑をかけたりしたときに謝るために使います。なので日本語の「すみません」のように、相手にお伺いをたてたりといった使い方はしません。

「その間違いは大丈夫、気にしないで」の気持ちを表すときに使います。

ホン サオ
Không sao.

大丈夫です。

Thành thật xin lỗi.
タイン　タット　シン　ロイ

本当に申し訳ありません。

thành thật が「本当に」なので、「本当にすみません」となります。
タイン　タット

「何も問題がない」「ノープロブレム」という意味です。

Không có vấn đề gì.
ホン　　コー　ヴァン　デー　ジー

問題ありません。

Đừng lo lắng.
ドゥン　　ロー　　ラン

心配しないで。

đừng は「～しないで」という禁止を表します。lo lắng は「心配する」で、lo のみでもOK。
ドゥン
ロー　ラン
ロー

Xin đừng lo で「心配しないでください」という丁寧な形にもできますね。相手が不安な気持ちになっているときに使います。
シン　ドゥン　ロー

49

18

第10課 お祝いのことば

幸せを分かち合いましょう。

Chúc mừng năm mới.

チュック　ムン　ナム　モイ

あけましておめでとう。

新年を祝うときに使います。ベトナムでは正月をテト（Tết）と言い、旧暦（陰暦）でお祝いするため、日付は毎年変わります。

Chúc mừng sinh nhật.

チュック　ムン　シン　ニャット

誕生日おめでとう。

Chúc mừngのあとに
チュック　ムン
kết hôn「結婚」
ケット　ホン
sinh em bé「出産」
シン　エム　ベー
などのお祝いする事柄を入れれば、
いろいろな言い回しが可能です。

Xin chúc mừng.
<small>シン　　チュック　　　ムン</small>

おめでとうございます。

Xin をつけた丁寧な表現。また文末に
anh, chị, em など人称代名詞をつけれ
ば「○○さん、おめでとうございます」
とすることができます。
結婚や出産など、よい出来事をお祝
いするときに使います。

Chúc hạnh phúc.
<small>チュック　　　ハイン　　　フック</small>

お幸せに。

Chúc may mắn.
<small>チュック　　　マイ　　　マン</small>

ご多幸あれ。

may mắn が「幸運」という意味なので、「あなたに幸運が訪れますように」という意味にな
ります。

51

19

第11課 ビジネスで使うことば

ビジネスの場面で使う表現を見てみましょう。

Cảm ơn anh/chị luôn giúp đỡ tôi.
カム　オン　アイン　チ　ルオン　ズップ　ドー　トイ

お世話になっております。

ベトナム語で「ありがとう」や「感謝」の意味を
もつ言葉を使います。

Tôi là Tanaka, phụ trách.
トイ　ラー　タナカ　フー　チャイック

担当の田中です。

仕事の役割を相手に紹介する
ときなどに使います。

目上の人などに「何卒よろしく
お願いします」と言うときは
Trăm sự nhờ anh/chị giúp đỡ.
チャム　スー　ニョー　アイン　チー　ズップ　ドー
と表します。

Rất mong anh giúp đỡ.
ザット　モン　アイン　ズップ　ドー

よろしくお願いいたします。

Tôi muốn đặt phòng họp.
トイ　ムオン　ダット　フォン　ホップ

会議室を予約したいです。

場面によって「注文」の表現が変わるので気をつけましょう。

ダット
đặt　　予約する

　フォン　ホップ
　phòng họp　　会議室
　ダット　フォン
　đặt phòng　　ホテル予約
　đặt bàn　　　（レストランなどの）テーブル予約
　ダット
　〈đặt + 物の名前〉　オンラインショッピング

Chúng ta trao đổi danh thiếp chứ.
チュン　ター　チャオ　ドイ　ザイン　ティエップ　チュー

名刺交換しましょう。

ベトナムの名刺交換は日本に比べて細かいマナー等が決まっていないので、ベトナム人と名刺交換する際に、日本との違いに戸惑う場面があるかもしれません。異文化を受け入れるのもマナーの1つと理解しましょう。

Tôi xin phép.
トイ　シン　フェップ

失礼します。

部屋に入るときや、その場を離れるときに使います。おわびの意味の「失礼しました」はTôi
シン　ロイ
xin lỗi.と言います。

20

第12課 天候を表すことば

天候は毎日気になるものです。

Thời tiết đẹp nhỉ.
（トイ ティエット デップ ニー）

よい天気ですね。

直訳すると、「きれいな（美しい）天気」。

Có vẻ sắp mưa.
（コー ヴェー サップ ムア）

雨が降りそうです。

Có vẻ sắp ... で「〜しそう」という、これから起こることが予想される表現になります。

54

Lạnh nhỉ.
<small>ライン ニー</small>

寒いですね。

語尾にnhỉをつけると、相手に（同意することを前提とした）同意を求めるような表現になります。

Nóng nhỉ.
<small>ノン ニー</small>

暑いですね。

Oi nhỉ＝「蒸し暑いですね」となります。
<small>オイ ニー</small>

Có vẻ sắp có bão.
<small>コー ヴェー サップ コー バオ</small>

台風が来るみたいです。

「台風が来ています」はBão tới.と表します。
<small>バオ トイ</small>

Nắng quá!
<small>ナン クア</small>

晴れすぎ！

語尾にquáをつけると、今この瞬間に自分が感じていることを強調する表現になります。
<small>クア</small>

21

第13課 感情を表すことば

感情は言葉にするとより伝わります。

Vui vẻ.
<ruby>ヴイ<rt></rt></ruby> <ruby>ヴェー<rt></rt></ruby>

楽しいです。

パーティに参加したときなど、気持ちよくて明るい気分を表します。

Sung sướng.
スン スオン

うれしいです。

ウキウキとした感情が顔に出るほどの喜びを表します。

Đau khổ.
ダウ ホー

悲しいです。

とても辛いことにあい、心が痛くて泣きそうな気持ちを表します。

Buồn.
ブオン

寂しいです。

物足りない想いや心細い気持ちを表します。

Giật mình!
ザット　ミン

びっくりしました！

意外な事が突然起きて驚いたときに使います。

Thất vọng.
タット　ヴォン

がっかりです。

物事が自分の期待通りに進まないときの気持ちを表します。

Cáu giận!
カウ　ザン

頭に来た！

不満や不快なことに我慢できず、頭に血が上り怒り狂う感情を表します。

57

22

第14課 感覚を表すことば

ことばで共感できるとコミュニケーションの幅が広がります

Phong cảnh đẹp nhỉ.

フォン　カィン　デップ　ニー

景色がきれいですね。

海、山など自然の美しさを伝えるときに使います。

Khu này ồn ào nhỉ.

フー　ナイ　オン　アオ　ニー

この辺りは騒がしいですね。

活気のある様子ではなく、耳障りでうるさい場合に使います。

Mùi thơm quá.
（ムイ　トム　クア）

いい香りがします。

食べ物やお茶、香水の香りなどをか
いだときに使います。

Cái này hơi thối.
（カイ　ナイ　ホイ　トイ）

これは少し臭いです。

腐った食べ物のにおいなど
をかいだときに使います。

Cái này mềm/cứng.
（カイ　ナイ　メム　クン）

これは、やわらかい/固いです。

食べ物や物体の感触を表すときに
使います。

ベトナム北部と南部の気候の違い

　ベトナムは南北に細長いため地域によって気候が少し異なります。首都ハノイがある北部は熱帯に近い夏と穏和な冬がある気候で、緩やかですが四季を感じられます。冬は山間部以外では雪は降りませんが、気温が15℃前後まで下がり寒い日もあります。

　いっぽう、大都市ホーチミンがある南部は年中暑く、季節風の影響で雨季と乾季に分かれています。雨季の時期はスコールが多いので、晴れていても雨具の準備などしておくとよいでしょう。

　ベトナム全域で湿度が高く、特に夏は蒸し暑くなるので水分をこまめにとる必要があります。また、ベトナムは赤道に近く肌が焼けやすいので、外出時は日焼け対策も忘れずにしましょう。

　旅行のベストシーズンは、北部は秋口の10月、11月と春先の3月、4月が過ごしやすくてよいでしょう。南部は乾季である12月〜4月がおすすめです。

　1月〜2月には旧正月 Tết を迎えるため、国全体が1週間ほどお休みに入ります。旧暦を基準にするので、日にちは毎年変動することに注意しましょう。

　テトの雰囲気も北部と南部とでは違いがあります。ベトナムでは正月に鉢植えの花を玄関と家の中に飾る風習があり、北部では魔除けを表す桃の木や子孫繁栄を願う金柑の木を、南部では幸福のシンボルとして黄色い梅の木を飾ります。

　どちらもテトの時期に咲く花ですが、同じ国でも地域によって文化の違いがあって面白いですね。

ステップ3

覚えておきたい！
基本のフレーズ

第1課

23

私は〜です

自己紹介のときのはじめのひと言です。

テン	トイ	ラー	タナカ
Tên	**tôi**	**là**	**Tanaka.**
主語		動詞	名詞

私（の名前）は 田中 です。

ちょっとだけ文法1　A là B

A と B の関係が ＝（イコール）で結べるとき、là という動詞を使います。

英語の be 動詞に近い役割ですね。

例 **Tôi là người Nhật Bản.**　　私は日本人です。
　　A　　　　　　B

　私（年上）です　　日本人

ちょっとだけ文法2　職業などを表す

là は、自分の立場や職業などを表すこともできます。

例 **Anh ấy là sinh viên.**　　　　彼は学生です。
　　彼（年上）　です　　学生

　　Tôi là nhân viên công ty.　　私は会社員です。
　　私　です　　　会社員

こんな場面で使います

ケース1

A

チャオ　チ　トイ　ラー　チャン
Chào chị. Tôi là Trang.

こんにちは。私はチャンです。

初対面で年齢がわからない場合、相手の人称代名詞を年長者に対する言葉にして丁寧な言葉づかいにします。

B

ザット　モン　ドゥック　チ　ズップ　ドー
Rất mong được chị giúp đỡ.

よろしくお願いします。

ベトナム語は主語などが必要なので、「よろしくお願いします」の会話文でも、相手の年齢や立場によって人称代名詞をつけなければなりません。

ケース2

A

トイ　ラー　ザオ　ヴィエン
Tôi là giáo viên.

私は教師です。

初対面のときは自分の職業を紹介します。相手が年下に見えても、Tôiを使い丁寧な対応を心がけましょう。

B

チ　ザイ　モン　ジー　ア
Chị dạy môn gì ạ?

何の科目を教えていますか？

ベトナム語では「何を教えていますか？」ではなく、「何の科目を教えていますか？」と尋ねます。
相手の年齢を判断しbạn / anh / chịなどの人称代名詞を選びましょう。

第**2**課

名前は何ですか？

相手の名前を聞いてみましょう。

テン　　　　　アイン　　　　　ラー　　ジー
Tên anh là gì ?

名詞　　　　　　代名詞　　　　動詞　疑問詞

あなたの 名前は 何 ですか？

ちょっとだけ文法1 ｜ 疑問詞 gì

　1課で学んだ là に、疑問詞 gì を文末に付けることで、名前を尋ねることができます。gì は「何」という意味で英語の what に近い役割ですが、疑問文だからといって語順が変わることはありません。

　この例文では日本語の「あなた」に当たる anh を使っていますが、ベトナム語の二人称代名詞は、相手の年齢、性別によって使い分ける必要があります（→ p.22）。

　　テン　　オン　ラー ジー
例 **Tên ông là gì ?**　（年配の男性に対して）お名前は何ですか？

　　テン　　エム　ラー ジー
　　Tên em là gì ?　（年下に対して）名前は何ですか？

　相手に対して失礼のないように「あなた」を的確に表現することが大切です！

ちょっとだけ文法2 ｜ 質問に対する答え方

　疑問文で使っていた gì のところに、自分の名前を入れるだけで OK です。語順の変化はありません。

　　テン　　アイン　ラー　ユウジ
例 **Tên anh là Yuji.**　私の名前はユウジです。

こんな場面で使います

ケース1

A

テン　　エム　ラー　ジー
Tên em là gì ?

（年下に対して）名前は何ですか？

^{エム}emは、相手がはっきり年下とわかる場合に使いましょう。

B

テン　トイ　ラー　ラン
Tên tôi là Lan.

私の名前はランです。

相手が年上なら自分は^{エム}emとしましょう。はじめて会う
人と適切な距離を守りたい場合などは^{トイ}tôiを使います。

ケース2

A

テン　　　チ　ラー ジー ア
Tên chị là gì ạ?

（年上の女性に対して）お名前は何ですか？

自分の年齢と比べ、ふさわしい人称代名詞を使いましょう。

B

テン　　チ　ラー　　グエン　　　マイ　　チャン
Tên chị là Nguyễn Mai Trang.

私の名前はグエン・マイ・チャンです。

基本的に相手に言われた人称代名詞で返答しますが、年
上かどうかに関係なく初対面では^{トイ}tôiを使う人もいます。

コラム

なぜ「Nguyễn さん」ばかり？

　Nguyễnはベトナムの主要民族であるキン族の人々の苗字。名字の概念がな
かった時代に、栄華を誇った阮王朝の阮→Nguyễnを自分たちの名字にしよう！
と爆発的に広まったのがキッカケだそうです。キン族の人々が、ベトナム人全体
の8割以上を占めるのだから、グエンさんが多いのも納得というわけです。

第 3 課 これは〜です

25

物や人を指して言ってみましょう。

Đây là thêu Việt Nam.
ダイ　ラー　テウ　ヴィエット　ナム

指示代名詞　動詞

これは ベトナムの 刺繍 です。

ちょっとだけ文法 1 ｜ 指示代名詞 đây

指示代名詞の đây は、場所、物と人を指すときに使います。đây の後に 〈là ＋名詞（場所／物／人）〉と続けます。

例 **Đây là hồ Hoàn Kiếm.** これ（ここ）はホアンキエム湖です。
ダイ　ラー　ホー　ホアン　キエム

Đây là túi của tôi. これは私のバックです。
ダイ　ラー　トゥイ　クア　トイ

ちょっとだけ文法 2 ｜ いろいろな指示代名詞

これ、それ、あれ…というように、指したいものとの距離によって、指示代名詞は使い分けます。

đó/đấy	それ／そこ／そちら	kia	あれ／あそこ／あちら

指したいものを具体的に言いたい場合は、名詞や類別詞と合わせて下記の指示代名詞を使います。

〜 này	この	〜 đó/ấy	その	〜 kia	あの

例 **Hồ này là hồ Hoàn Kiếm.** この湖はホアンキエム湖です。
ホー　ナイ　ラー　ホー　ホアン　キエム
湖　この　です　ホアンキエム湖

Người ấy là em gái của anh Hải. その人はハイさんの妹です。
グイ　アイ　ラー　エム　ガイ　クア　アイン　ハイ
その人　です　妹　〜の　〜さん　ハイ

こんな場面で使います

ケース1

A

キア ラー カイ ジー
Kia là cái gì?

あれは何ですか？

kiaは自分と相手の両方から離れているものについて
聞く場合に使います。

B

キア ラー ドー クア トイ
Kia là đồ của tôi.

あれは私の荷物です。

現地の人同士では、Kia là「あれは」を省略することが
多いです。

ケース2

A

モン ナイ ラー モン ジー
Món này là món gì?

この料理は何ですか？

Món này「この料理」là「は」món gì「何の料理」？
というふうに言います。

B

モン ナイ ラー ネム ザン
Món này là nem rán.

この料理は揚げ春巻きです。

料理名だけで伝えることもできます。

ベトナムで名前を呼ぶときのマナー

コラム

　通常ベトナム人同士は姓ではなく名で呼び合いますが、英語圏のように呼び捨
てにはしません。そこで英語のMr, Mrsにあたる敬称（AnhやChi）を付けるのが
マナーです。しかし、社会的地位の高い人や、フォーマルな場では相手をフルネー
ムでお呼びするのもまたマナー。うっかり下の名前で話しかけると、失礼にあた
ることになるので気をつけましょう。

第4課　これは何ですか？

26

物を指して、何か聞いてみましょう。

Cái này là cái gì ?
カイ　ナイ　ラー　カイ　ジー

代名詞　　　動詞　　疑問詞

↓　　　　↓　　↓

これは 何 ですか？

ちょっとだけ文法 1　代名詞Cái này の使い方

　Cái は、ここでは代名詞として使われています。Cái này は「このもの→これ」、cái gì は「何のもの→何？」という意味になります。

　疑問詞 gì は、日本語の質問形のように語尾を上げて発音する必要はありません。

例 **Cái này là cái gì ?**　これは何ですか？
　　これ　です　何

- **Cái này là áo dài.**　- これはアオザイです。
　　これ　です　アオザイ

ちょっとだけ文法 2　「đây / đó / kia」との置き換えも可能

　「これ／それ／あれ」はそれぞれ「cái này / cái đó / cái kia」となりますが、第3課で学んだ「đây / đó / kia」とひと語で言い換えることができます。

例 **Cái này là áo dài. ＝ Đây là áo dài.**
　これはアオザイです。

こんな場面で使います

ケース1

A

カイ　ドー　ラー　カイ　ジー
Cái đó là cái gì ?

それは何ですか？

Cái đóは「それ」で、自分から少し離れたものを示します。

B

カイ　ドー　ラー　チャー　セン
Cái đó là trà sen.

それはハス茶です。

tràは「茶」、senは「ハス」を表します。

ステップ
3
覚えておきたい！　基本のフレーズ

ケース2

A

カイ　キア　ラー　カイ　ジー
Cái kia là cái gì?

あれは何ですか？

Cái kiaは自分と相手の両方から離れているものに対して聞く場合に使うので、「あれ」と同じ使い方になります。

B

キア　ラー　ズン　クゥ
Kia là dụng cụ
テー　タオ　クア　ボー　トイ
thể thao của bố tôi.

あれは私の父のスポーツ用具です。

Kia làまたはCái Kiaで答えます。

 コラム

ベトナムで人気のスポーツ「ダーカウ」

　ベトナムには上のイラストのような羽を足で蹴って、ボールのように打ち合う「ダーカウ」と呼ばれるスポーツがあります。やってみると意外と難しいのですが、公園では人々が向かい合ったり、円になったりして遊んでいる姿がよく見られます。

第5課

27

AはBですか？

A=B を表す疑問文を覚えましょう。

チ	コー	ファイ	ラー	グィ	ヴィエット	ホン
Chị	**có**	**phải**	**là**	**người**	**Việt**	**không?**

名詞   名詞

（女性に対して）あなたは　ベトナム人　ですか？

🌹 **ちょっとだけ文法 1** ｜ là 文の疑問形の使い方

　1課で学んだ A（名詞）= B（名詞）を表す là 文の疑問形です。
〈名詞（人称代名詞／代名詞） + là + 名詞〉の文型で là の前に có
phải、語尾に không? を付けると、疑問文になります。情報を確認する
ときに使います。không の後に ạ をつけると丁寧になります。

例
アイン	コー	ファイ	ラー	アイン	タナカ	ホン	ア
Anh	**có**	**phải**	**là**	**anh**	**Tanaka**	**không**	**ạ?**
あなた		ですか		～さん	田中	ですか	（丁寧形）

あなたは田中さんですか？

　ヴァン
　- Vâng. 　　- はい、そうです。

職業を尋ねるときなどにも使えます。

例
グィ	キア	コー	ファイ	ラー	カィン	サット	ホン
Người	**kia**	**có**	**phải**	**là**	**cảnh**	**sát**	**không?**
人	あの		ですか		警察官		ですか

あの人は警察官ですか？

　ホン　　　　ホン　　ファイ
　- Không, không phải. 　- いいえ、違います。

　いいえ　　　　　違います

グィ キア		キア	カィン サット
Người kia	あの人	※ kia は前述した指示詞の1つ／	cảnh sát　警察

70

こんな場面で使います

ケース1

A

チ　コー　ファイ　ラー　グィ　ニャット　ホン
Chị có phải là người Nhật không?

（年上の女性に対して）あなたは日本人ですか？

国籍を確認したい場合に使います。年齢や性別によって人称代名詞が違います（年上の男性に対しては chị を anh にする）。

B

ヴァン　　トイ　ラー　　グィ　　ニャット
Vâng. Tôi là người Nhật.

はい。日本人です。

「私は日本人です」と答え、相手の言葉を肯定します。初対面なので丁寧に言うため Tôi を使います。

ケース2

A

アイン　コー　ファイ　ラー　ザオ　ヴィエン　　ホン
Anh có phải là giáo viên không?

あなたは教師ですか？

giáo viên で「教師」です。

B

ホン　　　　　ホン　　　ファイ
Không, không phải.

いいえ、違います。

「違います」と言ったあと、続けて Tôi không phải là giáo viên.「私は教師ではありません」と否定文を入れることもあります。

ベトナムの宗教について

　ベトナムは仏教徒の人が多いため、生活も自然と仏教の教えに習ったスタイルとなっています。キリスト教徒（カトリック）の人も多く、町や村に必ず１つは教会があったりします。また、南部のほうには陸続きの隣国の関係で、イスラム教の人もいるそうです。あとはベトナム独自の宗教、カオダイ教というのもあります。

第6課　～ですか？

28

形容詞を使った疑問文で状態や程度を聞いてみましょう。

アイン　コー　ホエ　ホン
Anh có khoẻ không ?

人称代名詞　　　　形容詞

（年上の男性に対して）**お元気 ですか？**

ちょっとだけ文法1　形容詞を使った疑問文

　形容詞の疑問文です。人の状態や、物の程度を尋ねるときに使います。
〈主語＋ có ＋形容詞＋ không?〉の形で、疑問形を作ることができます。

ティエン　ヴィエット　コー　ホー　ホン
例 Tiếng Việt có khó không?　　ベトナム語は難しいですか？
　ベトナム語　　　ですか　難しい　　ですか

ホン　　ティエン　ヴィエット　ホン　　ホー　ラム
- Không. Tiếng Việt không khó lắm.
　いいえ　　　ベトナム語　　　～ではない　難しい　とても

- いいえ。それほど難しくはありません。

> ホー　難しい／ Không ~ lắm　あまり～でない

※形容詞の前の có は、省略することもできます。

ちょっとだけ文法2　感嘆語を使った感嘆疑問文

　文末に 文末詞の nhỉ? をつけると、答えを相手に要求しない疑問文に
なります。

ムア　ドン　ナム　ナイ　ライン　ニー
例 Mùa đông năm nay lạnh nhỉ?
　冬　　　　今年　　寒い　（文末詞）

今年の冬は寒いね。

こんな場面で使います

ケース1

A
アイン　コー　ホエ　　　ホン
Anh có khỏe không?
（年上の男性に対して）お元気ですか？

年下の男性ならĚmにします。語尾にạをつけるとより
丁寧になります。

B
カム　　オン　エム　トイ　ザット　ホエ
Cảm ơn em, tôi rất khoẻ.
ありがとう、とても元気です。

khoẻは「元気な」、rấtは「とても」を表します。

ケース2

A
チャー　ドー　コー　ノン　　　ホン
Trà đó có nóng không?
そのお茶は熱いですか？

形容詞の程度を聞く場合に使います。

B
ホン　　　ホン　　ノン　デン　ムック　ドー
Không, không nóng đến mức đó.
いいえ、それほど熱くありません。

không nóng「熱くない」＋ đến mức đó「それほど」

コラム

ベトナムのコーヒーについて

　ベトナムは、コーヒーの輸出量が世界第2位です。国土も決して大きくないの
に、スゴイですよね。
　ただ、飲んでみるとちょっとビックリ。「うわ、濃い！」と思う人がほとんど（笑）。
ドリップの方法が違うというのもありますが、豆の種類も「ロブスタ種」といって、
日本でよく飲まれている「アラビカ種」の豆とは異なります。

73

第7課

〜である

29

聞かれたことに「〜である」と答えるときの表現です。

ホム　ナイ　ザット　ノン
Hôm nay rất nóng !

主語　　　　　副詞　　　形容詞

今日は とても 暑い です。

> ホム ナイ 今日 ／ ノン
> hôm nay 今日 ／ nóng 暑い ; 熱い

ちょっとだけ文法2　疑問文への答え方

疑問文に対して、「〜である」と答えたいときは、〈主語＋形容詞〉の順に並べればOKです

例 **Hôm nay nóng không?**　今日は暑いですか？
　　ホム　ナイ　　ノン　　　ホン

　　-Hôm nay nóng!　　　- 今日は暑いです。
　　ホム　ナイ　ノン

　　-Ừ, nóng nhỉ.　　　　- うん、暑いねぇ。
　　ウー　ノン　ニー

また、否定文にしたければ、形容詞の前に không を加えます。
　　　　　　　　　　　　　　　　　　　ホン

例 **-Không nóng.**　　　　- 暑くはありません。
　　ホン　　　ノン

ちょっとだけ文法2　形容詞を使った感嘆文

〈主語＋形容詞〉の後に quá をつけると、その形容詞の程度を強調した感嘆文になります。
　　　　　　　　　　　クア

例 **Hôm nay nóng quá nhỉ!**　今日はすごく暑いね！
　　ホム　ナイ　ノン　クア　ニー

こんな場面で使います

ケース1

A

カィック　サン　ドー　サー　ホン　ア
Khách sạn đó xa không ạ?

そのホテルは遠いですか？

khách sạnは「ホテル」、xaは「遠い」の意味です。

B

ホン　サー　ラム
Không xa lắm.

あまり遠くないです。

Không ... lắm で「あまり～でない」を表します。

ケース2

A

A

カイ　ノン　ナイ　チョン　テー　ナオ
Cái nón này trông thế nào?

この帽子はどうですか？

物の性質や感想を聞くときに使います。
trôngは「～に見える」、thế nàoは「どのように」

B

クア　デップ
Quá đẹp.

すごくきれいです。

Tuyệt đẹp.「非常にきれいです。」も同様の意味です。
疑問文に答えるとき、程度を表す言葉は形容詞の前に
来ます。

ぜひ訪れたいベトナムの市場

コラム

　ベトナムで市場を訪れると「へ～！」と驚きの連続です。色とりどりの野菜、
生けすには大きな川魚、ダイナミックに並んでいる生肉。屋台の周りにはプラス
チックの椅子がところ狭しと並べられ、麺をすすったりお茶を飲んだり……ベト
ナムの人たちは基本的に朝食は外ですませます。

第8課　私は〜を…します

基本的な動詞文の形と、疑問文・否定文の作り方を見ていきましょう。

トイ　　ホック　　ティエン　　ヴィエット
Tôi học tiếng Việt.

主語　　　　動詞　　　　　　目的語

私は ベトナム語を 勉強します。

ちょっとだけ文法1　基本的な動詞文

　　基本的な動詞文は上の例文のように、〈主語＋動詞＋目的語〉で構成されます。

　　否定文は動詞の前に、疑問文は文末に **không**（ホン）を置きます。

例［否定文］
トイ　　ホン　　ホック　ティエン　ヴィエット
Tôi không học tiếng Việt.
　　　私　　〜しない　勉強する　　ベトナム語

　　私はベトナム語を勉強しません。

［疑問文］
エム　　コー　　ホック　ティエン　ヴィエット　　ホン
Em (có) học tiếng Việt không?
あなた　　　　　　勉強する　　ベトナム語　　　　〜か

　　あなたはベトナム語を勉強しますか？

＊「動詞＋目的語」を **có**（コー）~ **không**（ホン）? ではさむ感覚です。

＊疑問文の **có**（コー）は省略することができます。

例
アイン　コー　　ムア　カイ　ナイ　　ホン
Anh có mua cái này không? あなたはこれを買いますか？
あなた　　買う　　これ　　〜か

ホン　　ムア
- Không mua. - 買いません。
（否定文）　　買う

こんな場面で使います

ケース1

A

ブオイ　　サン　　トイ　　アン　　バイン　　ミー
Buổi sáng, tôi ăn bánh mỳ.

私は朝、パンを食べます。

基本の語順として、〈主語＋動詞＋目的語〉にします。
時間などは文頭もしくは文末にきます。

B

ブオイ　　サン　　トイ　　アン　　コム
Buổi sáng, tôi ăn cơm.

私は朝、ご飯を食べます。

目的語だけ変えればこの文型でいろいろ使えます。

ケース2

A

バン　　コー　　ウォン　　チャー　　ホン
Bạn có uống trà không?

あなたはお茶を飲みますか？

年上の相手には、Anh / Chị / ... uống trà không ạ? と
いうふうに、使います。年齢・性別・人間関係によって
人称代名詞を選び、ạを語尾につけます。

B

ホン　　トイ　ウォン　カー　フェー
Không. Tôi uống cà phê.

いいえ。私はコーヒーを飲みます。

年上に対して答える場合、自分の人称代名詞を相手より
目下のEmにして、語尾にạをつけます。

コラム

女性に花を贈る文化

　ベトナム人の男性は「花を贈ること」に積極的です。誕生日、卒業式、表彰式など、
ことあるごとに女性に花を贈ります。ベトナムで2年間、その文化をしっかり染
み込ませて日本に帰国した僕は、おかげで何の抵抗もなく母の日に花をプレゼン
トできるようになり、受け取った母のほうに、逆に抵抗があったようでした (笑)。

第**9**課

私は〜をしました

いろいろな時制の表し方を学びましょう。

トイ　ダー　ホック　ティエン　ヴィエット

Tôi đã học tiếng Việt.

主語　時制を表す語　動詞　　　目的語

私は ベトナム語を 勉強しま した 。

🌿 **ちょっとだけ文法 1** ベトナム語の時制

　ベトナム語は時制を表すときに語形の変化がありません。過去形、未来形、進行形にするときは、時制を表す語を動詞の前に加えます。

例 [過去形] トイ ダー ホック ティエン ヴィエット **Tôi đã học tiếng Việt.**
ベトナム語を勉強しました。

[未来形] トイ セー ホック ティエン ヴィエット **Tôi sẽ học tiếng Việt.**
ベトナム語を勉強するつもりです。

[進行形] トイ ダン ホック ティエン ヴィエット **Tôi đang học tiếng Việt.**
ベトナム語を勉強しています。

🌿 **ちょっとだけ文法 2** 時制の変化を伝える語

　経験・体験をしたことを伝える ダー トゥン đã từng 「〜したことがある」、未来形で サップ sắp 「もうすぐ」、また進行形で ヴァン vẫn 「まだ」などがあります。

例 トイ ダー トゥン チョイ ボン ダー **Tôi đã từng chơi bóng đá.** サッカーをしたことがあります。

トイ サップ デン ニャット **Tôi sắp đến Nhật.** もうすぐ日本に行きます。

チュオン チン ザーム ザー ヴァン コン **Chương trình giảm giá vẫn còn.** 値引きセールはまだあります。

こんな場面で使います

ケース1

A

ガイ　　　マイ　　　　チュン　　　トイ　ディー　ビン　ハ　　ロン
Ngày mai, chúng tôi đi Vịnh Hạ Long.
明日、私たちはハロン湾に行きます。

ngày mai「明日」のように、時制のわかる単語があれば、文章を未来形にする必要はありません（sẽ は省略可）。

B

ハイ　　ニー
Hay nhỉ!
いいですね！

hay は「よい、楽しい」を表します。

ケース2

A

サン　　ナイ　　バン　ダー　ドック　バオ　　チュア
Sáng nay, bạn đã đọc báo chưa?
今朝、新聞を読みましたか？

đã ... chưa は「もう〜しましたか」の意味をもつ聞き方です。

B

バイ　ゾー　トイ　ダン　　ドック
Bây giờ tôi đang đọc.
今、読んでいるところです。

bây giờ は「今」。đang は進行形にしたいときに使います。

ステップ3　覚えておきたい！　基本のフレーズ

赤ちゃんや高齢者に優しいベトナム人男性

　ベトナムでは若い男性たちが赤ちゃんの面倒を本当によく見ます。赤ちゃんの抱っこはお手のもので、遊び相手になってあげたり、ごはんやミルクをあげることにも積極的です。また、高齢者も大切にし、交通量の多い道路を渡れず困っている年配の人がいれば、手をつないで一緒に渡ってあげます。

第10課 ～はいますか？

存在や所有について聞く表現です。

<ruby>Em<rt>エム</rt></ruby> <ruby>có<rt>コー</rt></ruby> <ruby>người<rt>グィ</rt></ruby> <ruby>yêu<rt>ユー</rt></ruby> <ruby>không<rt>ホン</rt></ruby>?

Em có người yêu không?

主語　　　動詞　　　　　目的語

（あなたには）恋人が います か？

người yêu 恋人　グィ ユー

ちょっとだけ文法1　主語＋có（動詞）＋目的語（名詞）

　　主語の後に動詞の có をつけると、存在・所有（いる／ある／持つ）を表すことができます。

　　また、không を動詞の前につければ否定形に、文末に không をつければ疑問形にすることができます。

　[否定形]〈主語＋ không có（動詞）＋目的語（名詞）〉

　　　→ いません／ありません／持っていません

例 **Em không có người yêu.**　私には恋人はいません。

　　私　　いない　　　人　愛する

　[疑問形]〈主語＋ có（動詞）＋目的語（名詞）＋ không〉

　　　→ いますか？／ありますか？／持ってますか？

例 **Bạn có anh chị em không?**　（あなたに）兄弟姉妹は
　　　　　　　　　　　　　　　　　いますか？

　あなた　いる　　兄弟姉妹　　　～か

　＊「兄弟姉妹」は人称代名詞を並べることで表せます。

　　　　ヴァン　トイ　コー　モット　チ　ガイ
　　-**Vâng, tôi có một chị gái.**　- はい、姉がいます。

　　はい　　私には　いる　1つ（1人）　姉

こんな場面で使います

ケース1

A
オー ダイ コー カー フェー ホン
Ở đây có cà phê không?

ここにコーヒーはありますか？

cà phê 「コーヒー」の部分の単語を入れ替えて、さまざまな言い方にできます。

B
シン ロイ オー ダイ ホン コー カー フェー
Xin lỗi, ở đây không có cà phê.

すみません。ここにはコーヒーはありません。

上記は丁寧な断り方。không có「ありません」と言われることもあります。

ケース2

A
バン コー ドン ホー ホン
Bạn có đồng hồ không?

時計を持っていますか？

Bạn mang đồng hồ không? と動詞を mang にすると、「（今）持ってきているか」という表現になります。

B
コー トイ コー
Có. Tôi có.

はい。持っています。

目的語は必要ありません。

ベトナムでコーヒーを頼むと

　ベトナムでまず驚くのは、コーヒーの下に溜まっている練乳でしょう。「ブラックコーヒーを頼んだのに！」と、苦い、いや甘い経験をしたこともあるのでは？
　この練乳はベトナム語で sữa と言います。ただ単純に「コーヒーをください」と言ってしまうと、sữa が沈殿してやってくる場合が多いので気をつけて！

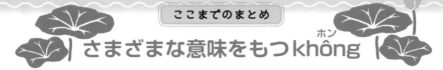

さまざまな意味をもつkhông(ホン)

これまでに何度も登場している không(ホン) というベトナム語。初学者にとってとても重要で、さまざまな意味をもちます。文のどこに không(ホン) が登場してくるかで、意味がまったく異なります。

少しまとめてみましょう。

1 「いいえ」の không(ホン)

質問されたときに「いいえ」とひと言でいうときに使われます。

例 **Lạnh(ライン) không(ホン)?**　　寒いですか？

-Không(ホン).　　いいえ。

2 疑問文の không(ホン) ➡ 文末に〜 không(ホン)?

これまでは là(ラー) 文の疑問文〈A ＋ có phải(コー ファイ) ＋ là(ラー) ＋ B ＋ không(ホン) ？〉であったり、形容詞、動詞の疑問文で〈主語＋ có(コー) ＋形容詞／動詞＋ không(ホン)?〉であったりと、文末に không(ホン) をつけることで「〜ですか」と表現することができます。

例 **Chị(チ) có phải(コー ファイ) là(ラー) chị(チ) Thủy(トゥイ) không(ホン).**　　トゥイさんですか？
あなた　〜ですか　です 〜さん　トゥイ　　〜ですか

Bạn(バン) có(コー) hiểu(ヒェウ) không(ホン)?　　　　　わかりましたか？
あなた　〜か　理解する　　〜ですか

3 否定文の không(ホン) 動詞、形容詞の前に không(ホン)

「〜しない、〜ではない」というように否定形にしたいときにも使います。

例 **Tôi(トイ) không(ホン) học(ホック) tiếng(ティエン) Nhật(ニャット).**　　日本語を勉強しません。
私　〜しない 勉強する　　日本語

Hôm(ホム) nay(ナイ) tôi(トイ) không(ホン) rảnh(ザイン) lắm(ラム).　今日はあまり暇ではありません。
今日　　　私　〜ではない 時間がある　とても

4 数字の 0

またそのほかにも、数字の 0（ゼロ）はベトナム語では không^{ホン} です。

くり返すようですが、không は発音もつづりもまったく同じなのに、語順や文脈によってその役割はまったく異なります。発音自体も摩擦音（kh-）なので独特です。これは、ベトナム語文法の基本ですので、ぜひ早いうちにマスターしたいですね！

例 **Số phòng là 206 (hai không sáu).** 部屋番号は 206 です。
ソー フォン ラー　　　　　　　ハイ ホン サウ
部屋番号　です　206

có の使い方

có は動詞で「います／あります／持っています」なので、単体でも使えますね。英語で言う be 動詞と、動詞の have のような意味合いです。また否定形の không có も単体で「いません／ありません／持ってません」と使うことができます。

例 **Tôi có hai chị gái.** 私には姉が2人います。
トイ コー ハイ チ ガイ
私には　いる　2つ(2人)　姉妹

Tôi không có thú cưng. 私にはペットはいません。
トイ　　ホン　　コー　トゥ　クン
私　　　いない　　　　ペット

第6課（→ p.72）で紹介した〈có ＋形容詞／動詞〜 không?〉などの疑問形で使ってきた có は、動詞としての có ではありません。ただそうなると、疑問文になった場合は có が2つ重なってしまいます。存在文の có 文を疑問形にするときは、có が2つ重ならないように、疑問形で使われている có を省きます。動詞の có なのか、疑問形で使われる có なのか、初学者にとっては見極めが重要ですね！

例 **Bạn có một em trai phải không?** 弟が1人いるでしょう？
バン コー モッ エム チャイ ファイ ホン
あなた　いる　1つ(1人)　弟　　〜ですよね

＊動詞の có のみが使われている

83

第11課 〜はどこにありますか？

(33)

「〜はどこ？」と場所について尋ねる表現です。

シェウ　ティー　オー　ダウ
Siêu thị ở đâu ?

主語　　　　　　前置詞＋疑問詞

スーパーは どこにありますか？

ちょっとだけ文法1 　場所を表す前置詞 ở

「どこに／で」を尋ねる場合、疑問詞 đâu ?「どこ」と場所に関する前置詞 ở「〜で／〜に」を組み合わせて ở đâu「どこに／で」という語を使います。指示代名詞の前につけると次のようになります。

オー　ダイ **ở đây**	ここで／ここに
オー　ドー **ở đó**	そこで／そこに
オー　キア **ở kia**	あそこで／あそこに

カック　サン　チュン　ター　オー　ダウ
例 **Khách sạn chúng ta ở đâu ?**

私たちのホテルはどこにありますか？

チュン　ター
chúng ta 私たち（聞き手を含む）

ちょっとだけ文法2 　動詞として使われることもある ở

đâu に付随する前置詞の ở ですが、じつは動詞としても使われます。
ở は動詞として「いる／住む（滞在する）」という意味をもちます。

トイ　オー　ヴィエット　ナム　チョン　バー　ナム
例 **Tôi ở Việt Nam trong 3 năm.**

私はベトナムに3年間います（住んでいます）。

こんな場面で使います

ケース1

A

ニャー ヴェ シン オー ダウ
Nhà vệ sinh ở đâu?

お手洗いはどこですか？

ニャー ヴェ シン
Nhà vệ sinh で「お手洗い」です。

B

オー キア ア
Ở kia ạ.

あそこです。

疑問詞のđâuをkiaに置き換えるだけです。

ケース2

A

ニャー バン オー ダウ
Nhà bạn ở đâu?

あなたの家はどこですか？

「あなたの家」は Nhà của bạn ですが、日本語の「〜の」
にあたる của は省略することもできます。

A **B**

B

ニャー トイ オー フエ
Nhà tôi ở Huế.

フエにあります。

この場合は Nhà tôi「私の家」を入れないと（地名のみだ
と）失礼になります。

コラム

前置詞？ 動詞？ 迷いやすい ở

例 エム ダン オー ダウ
Em đang ở đâu? あなたはどこにいますか？（電話口で）

　この例文は、ở と đâu が連続して使われていますが、ở は前置詞ではなく動詞
として使われています。語形の変化しないベトナム語は、便利ないっぽうでこの
ようにわかりづらい文法も少なくありません。

第12課

どこに〜ですか？

「どこに〜？」と聞きたいときの表現を見てみましょう。

アイン ディー ダウ

Anh đi đâu?

主語　　　動詞　　　疑問詞

どこに 行くんですか？

ちょっとだけ文法1 | dâu のみを使った表現

疑問詞 đâu のみで「どこに」としても使うことができます。

例 **Anh đi đâu?**　　　　どこに行くんですか？
アイン　ディー　ダウ

あなた　行く　どこ

Anh đi xem phim.　映画を観に行きます。
アイン　ディー　セム　フィム

あなた　行く　見る　映画

> xem 見る・観る／phim 映画
> セム　　　　　　　フィム

答えるときは、疑問詞である đâu のところに具体的な場所を入れればOK です。

ちょっとだけ文法2 | chỗ nào を使った表現

「どこに」の表現は đâu と、同様の表現として chỗ nào =「どの場所
→ どこ」があります。

例 **Anh đã tới chỗ nào?**　　どこに行きましたか？
アイン　ダー　トイ　チョー　ナオ

あなた（過去形）行く　　どこに

-Tôi đã tới phố cổ.　　旧市街に行きました。
トイ　ダー　トイ　フォー　コー

私（過去形）行く　旧市街

> tới 行く／phố cổ 旧市街
> トイ　　　　フォー　コー

86

こんな場面で使います

ケース1

A

<ruby>Em<rt>エム</rt></ruby> <ruby>đi<rt>ディー</rt></ruby> <ruby>đâu<rt>ダウ</rt></ruby> <ruby>đấy<rt>ダイ</rt></ruby>?

Em đi đâu đấy?

どこへ行くの？

「どこへ行くの？」という質問の多くは具体的な答えを知るためというあいさつとして用いられます。
đấyはコミュニケーション、あいさつのニュアンスを強調する言葉です。

B

<ruby>Tôi<rt>トイ</rt></ruby> <ruby>đi<rt>ディー</rt></ruby> <ruby>ra<rt>ザー</rt></ruby> <ruby>kia<rt>キア</rt></ruby> <ruby>một<rt>モット</rt></ruby> <ruby>chút<rt>チュット</rt></ruby>.

Tôi đi ra kia một chút.

ちょっとそこまで。

đi「行く」đây「ここ」một chút「ちょっと」の組み合わせです。ra「出る」は「出かける」です。

ケース2

A

<ruby>Nghỉ<rt>ギー</rt></ruby> <ruby>hè<rt>ヘー</rt></ruby> <ruby>năm<rt>ナム</rt></ruby> <ruby>ngoái<rt>ゴアイ</rt></ruby> <ruby>anh<rt>アイン</rt></ruby> <ruby>đã<rt>ダー</rt></ruby> <ruby>đi<rt>ディー</rt></ruby> <ruby>đâu<rt>ダウ</rt></ruby>?

Nghỉ hè năm ngoái anh đã đi đâu?

去年の夏休み、どこへ行きましたか？

去年のことを聞くので過去形の文ですが、会話では過去の時制を表すđãを省略することもあります（「去年」と前もって話しているため）。

B

<ruby>Tôi<rt>トイ</rt></ruby> <ruby>đi<rt>ディー</rt></ruby> <ruby>Nha<rt>ニャー</rt></ruby> <ruby>Trang<rt>チャン</rt></ruby>.

Tôi đi Nha Trang.

ニャチャンへ行きました。

返答では過去の時制đãを省略したほうが自然です。

第13課

〜は誰ですか？

「誰？」と人のことを尋ねるときの表現を見てみましょう。

チ　アイ　ラー　アイ

Chị ấy là ai ?

主語　　　　　動詞　代名詞

彼女は 誰 ですか？

ちょっとだけ文法 1 ｜ 「誰」を表す ai

人のことを尋ねるときの表現です。人の名前だけでなく、その人の職業や役職などを指す名詞が入る場合も同様に使えます。

例　**Ai là giáo viên tiếng Việt ?**　誰がベトナム語の先生ですか？
誰　です　　先生　　ベトナム語

-**Anh ấy là giáo viên tiếng Việt của tôi.**
彼が　です　　先生　　ベトナム語　〜の　私

-彼が私のベトナム語の先生です。

ちょっとだけ文法 2 ｜ 疑問詞は〜 không がつくと意味が変化

疑問詞の ai は〜 không を加えることで「誰が」から「誰か」に意味が変わります。疑問詞（gì, đâu, ai など）は〜 không がつくかつかないかで、ニュアンスが変わってしまいます。

例　**Xin lỗi, có ai không?**　　すみません、誰かいませんか？
すみません　　いる 誰　〜か

Em có đi đâu không?　どこかに行きますか？
(人称代名詞)　行く どこかに　〜か

＊第10課で学習した có を使った存在文との合体ですね（→ p.80）。

こんな場面で使います

ケース1

A

グィ　　　キア　　ラー　アイ
Người kia là ai ?

あの人は誰ですか？

người「人」＋ kia「あれ」で、「あの人」となります。

B

グィ　　　　キア　　ラー　エム　　　ナム
Người kia là em Nam,
シン　　ビエン
sinh viên.

（あの人は）ナム君といって、学生です。

sinh viên は一般的に「大学生」を指します。

ケース2

A

コン　アイ オー　チョン　ロップ　ホック　　　ホン
Còn ai ở trong lớp học không?

教室に誰かいましたか？

Còn ai は「誰か（まだ）残っていますか？」の意味をもっています。

B

ホン　　　　コン　アイ
Không còn ai.

もう誰もいません。

答えるときは、自明の lớp học「教室」を省略できます。

食事に誘うときのルール

　ベトナムでは会食の際、基本的に「食事を誘ったほう」がごちそうをする流れです。「今日は俺のおごりだ！」という話ならわかるのですが、面白いことに誕生日や記念日の場合も、祝われるはずの当人が会を催し、ごちそうするのがベトナム流です。

第14課

36

誰の〜ですか？

「誰の〜？」と所有について尋ねる表現です。

サィック　　ナイ　　クア　　アイ

Sách này của ai?

名詞　　　　指示代名詞　　　疑問詞

この本は誰の（もの）ですか？

ちょっとだけ文法 1 | củaの使い方

　　của は日本語の「〜の」に近い位置づけです。私の本（sách của tôi）というように、所有・所属しているものの後につきます。しかし関係性がハッキリしていたり、文脈から容易に判断できる場合、của は積極的に省略されてしまいます。

例 **Anh ấy là anh trai của tôi.**　彼は私の兄です。
　　彼　　です　　兄　　　　〜の　私

→ **Anh ấy là anh trai tôi.**
　　彼　　です　　兄　　　私

例 **Công ty của chúng tôi ở Hà Nội.**
　　会社　　〜の　私たち　〜に　ハノイ

私の会社はハノイにあります。

→ **Công ty chúng tôi ở Hà Nội.**
　　会社　　私たち　〜に　ハノイ

　　最初のうちは「あれ？　名詞が2つ重なってる!?」と混乱してしまうかもしれません（しかも語形が変化しない）。しかし慣れてくれば、ネイティブらしいスムーズな会話にまた1歩近づけます！

こんな場面で使います

ケース1

A

Điện thoại này của ai?

ディエン　トァイ　ナイ　クア　アイ

この 電話は誰の（もの）ですか？

điện thoại は「電話」です。

B

Điện thoại này của tôi.

ディエン　トァイ　ナイ　クア　トイ

この電話は私の（もの）です。

質問に答えるときは、Của tôi「私の」だけで答えても
かまいません。

ケース2

A

Người kia là bạn (của) ai?

グィ　キア　ラー　バン　クア　アイ

あの人は誰の友だちですか？

「友だち」は bạn bè ですが、この場合は bè を省略すると
自然です。của「〜の」も省略できます。

B

Anh ấy là bạn (của) chị gái tôi.

アイン　アイ　ラー　バン　クア　チ　ガイ　トイ

彼は、姉の友だちです。

場面により、主語の人称代名詞を変えましょう。
của「〜の」を省略できます。

ベトナム流「幸せのおすそわけ」

　僕が車を新しく購入したとき、ベトナム人の友人から「じゃあパーティを開い
てください」と言われました（笑）。「幸せのおすそわけ」のような感覚なのでしょ
うか。だから、もしベトナムでごちそうされる機会があったら遠慮なくいただき
ましょう。その代わりに自分もいつか……という気持ちで過ごせると、信頼関係
も築けるし、何よりベトナム社会になじめて楽しく感じられますよ！

第15課 ～させてください

cho を使った依頼の表現を覚えましょう。

Xin anh cho tôi xem thực đơn.
シン　アイン　チョー　トイ　セム　トゥック　ドン

丁寧形　人称代名詞　使役　私に　動詞　目的語

メニューを（私に）見せてください。

ちょっとだけ文法1　使役のchoを使った依頼の表現

cho はもともと「～させる」という使役の意味をもちます。〈Xin ＋ 相手＋ cho ＋自分＋動詞〉の形で使います。

上の例文は、直訳すると「見させてください」ですが、転じて「見せてください」という依頼の表現になっています。

そのほかに日常的に使うものをあげておきます。

例　**Cho tôi biết ...**　（私に）知らせてください → 教えてください
チョー　トイ　ビエット

Cho tôi hỏi ...　（私に）質問させてください → お尋ねします
チョー　トイ　ホーイ

Cho tôi đi ...　（私に）行かせてください → 行ってください
チョー　トイ　ディー
＊タクシーなどで使う

ちょっとだけ文法2　親しい間柄ではXinと相手の名前は省略

Xin は丁寧な表現をするために用いられています。ですから、親しい間柄での依頼表現となれば、Xin、そして相手の名前も省略することができます。買い物などで使うことができますね。

例　**Cho tôi xem!**　（私に）見せて！
チョー　トイ　セム

こんな場面で使います

ケース1

A

ハイ　ザイ　ティエン　ヴィエット　チョー　トイ　ニェー
Hãy dạy tiếng Việt cho tôi nhé.

ベトナム語を教えてください。

hãy は「〜してください」、dạy は「教える」です。nhé「〜
ね」を語尾につけると命令のニュアンスが和らぎます。

B

トイ　ザット　ヴイ
Tôi rất vui!

喜んで！

直訳すると「私はとてもうれしいです」。ただ「はい」と
言うより気持ちを強く伝えることができます。

ケース2

A

チ　ムオン　ディー　ダゥ
Chị muốn đi đâu?

どこへ行きたいですか？

muốn は「〜したい」の意味です。運転手はサービス業な
ので、相手を目上の人とした人称代名詞で呼びます。

B

アイン　チョー　トイ　ディー　サン　バイ
Anh cho tôi đi sân bay.

空港に行ってください。

sân bay は「空港」ですが、「○○空港」だと sân bay ○○
となります。

コラム

ベトナムのひとつの楽しみ方

　ぜひ現地ではカフェに入ってみましょう。屋外の席に座って周囲を見ていると「な
ぜ？」と思うことがたくさんあります。交通量の多い道路を、なぜスイスイ渡れる
のか。商店の前で座っているだけの人は、どうやって生計を立てているのか（笑）疑
問に思うだけで、ベトナムの楽しみ方は何倍にも広がります。もちろん、「なぜ？」
と思ったらベトナム語で質問してみてくださいね！

第16課 何時ですか？

(38)

時間を尋ねるフレーズを覚えましょう。

バイ　ゾー　ラー　マイ　ゾー
Bây giờ là mấy giờ?

主語　　　　　動詞　　　　目的語

今 何時 ですか？

ちょっとだけ文法1　mấy giờ と lúc mấy giờ

mấy giờ：「何時」という意味で、動詞の前によく来ます。ただ時間について聞きたいときに使います。

例 **Bây giờ là mấy giờ ?** 　　　　今何時ですか？

　　-Bây giờ là chín giờ sáng.　　-今は午前9時です。

lúc mấy giờ：「何時に」という意味で、動詞の後によく来ます。その物事、動作が何時に行われるかを強調して聞くときに使います。lúc =「～に」（＝英：at）という意味で、文頭に来る場合は省略することが多いです。

＊文末に来る lúc mấy giờ も lúc を省略できますが、通常は省略しないことがほとんどです。

例 **Chúng ta đi ăn tối lúc mấy giờ ?**
　　　私たち　　行く　夕食　　～に　　何時

何時に夕食を食べに行きますか？

→ **Lúc mấy giờ chúng ta đi ăn tối?**

→ **Mấy giờ chúng ta đi ăn tối?**

こんな場面で使います

ケース1

A

バン　トゥオン　トゥック　ザイ　ルック　マイ　ゾー
Bạn thường thức dậy lúc mấy giờ?

いつも何時に起きますか？

thường「いつも」thức dậy「起きる」lúc mấy giờ「何時に」、という文です。

B

トイ　ザイ　ルック　サウ　ゾー　サン
Tôi dậy lúc 6 giờ sáng.

朝6時に起きます。

sáng「朝」やtrưa「昼」などは時間（... giờ）の後ろにつきます。

ケース2

A

フィム　バット　ダウ　ルック　マイ　ゾー
Phim bắt đầu lúc mấy giờ?

映画は何時に始まりますか？

この場合はlúc mấy giờを使うと自然な言い方です。

B

トゥー　ナム　ゾー　チェウ
Từ 5 giờ chiều.

夕方5時からです。

từ ... giờで「〜時から」となります。

午前・午後の表し方

　ベトナム語にも午前、午後という表記のしかたがあります。
　朝はsáng、昼はtrưa、夜はtốiを、時間の後につけることでchín giờ sáng「午前9時」／ mười hai giờ trưa「昼12時」／ năm giờ chiều 「午後5時」などと表現できます（時間→p.207）。

第17課 いくらですか？ ③39

値段を尋ねる表現を見てみましょう。

カイ　ナイ　ザー　バオ　ニュウ　ティエン
Cái này giá bao nhiêu tiền?

指示代名詞　　　動詞　　　　　　疑問詞＋名詞（お金）

これは いくら ですか？

ちょっとだけ文法 1　疑問詞 bao nhiêu

　bao nhiêu は前の課で学んだ mấy と同じく、「いくつ」という数を尋ねるときの疑問詞です。「お金」を意味する tiền をつけることで、「いくら」という値段を尋ねる表現となります。giá は「値段・価値」という意味なので直訳すると「この物の値段はいくらですか？」となります。お店などでは、値段を知りたいものを指差して Bao nhiêu tiền? とシンプルに尋ねてもいいですね！

ちょっとだけ文法 2　mấy と bao nhiêu の使い分け

　2つとも日本語でいう「いくつ」となりますが、「尋ねたい数の大きさ」によって、使い分ける必要があります。「想定される数字が1から10~12あたり」の数であれば mấy を、「それ以上」の数であれば bao nhiêu を用います。時間や月は、使われる数が小さいので mấy。お金などの大きい数を尋ねるときは bao nhiêu ですね（→ p.26）。

コン　バン　マイ　トゥオイ
例 Con bạn mấy tuổi?　お子さんは何歳ですか？
子ども あなた（の）何　歳

ルオン　タン　チュン　ビン　バオ　ニュウ
Lương tháng trung bình bao nhiêu?　平均的な月収はいくらですか？
給料　月　平均　いくつ

こんな場面で使います

ケース1

A

カイ　ディア　キア　バオ　ニュウ　ティエン
Cái đĩa kia bao nhiêu tiền?

あのお皿はいくらですか？

物の値段を聞く場合は、bao nhiêu tiền を使います。
（バオ　ニュウ　ティエン）

B

モットチャムギン　　ドン
100.000 đồng.

（あれは）10万ドンです。

この会話の場合は指示代名詞をなくすと自然です。

ケース2

A

モット　　ロップ　コー　　マイ　　ホック　　シン
Một lớp có mấy học sinh?

1クラスの生徒は何人ですか？

おおよそのクラスの規模によって使い分けます。大人数
であれば bao nhiêu を使います。
（バオ　ニュウ）

B

ムオイ　ホック　　シン
10 học sinh.

10人です。

基本的に人数は người「人」で表しますが、学生の人数の
（グィ）
場合は học sinh「生徒」を使います。
（ホック　シン）

ベトナムでは曜日は「○番目の日」と表す コラム

　ベトナムでは、曜日を序数詞を使って「○番目の日」と表すことができます。
Thứ Hai「月曜日」、Thứ Ba「火曜日」、Thứ Tư「水曜日」、Thứ Năm「木曜日」、
（トゥー　ハイ）　　　（トゥー　バ）　　　（トゥー　トゥ）　　　（トゥー　ナム）
Thứ Sáu「金曜日」、Thứ Bảy「土曜日」。Thứ は「曜日」の意味です。日曜日だけ
（トゥー　サウ）　　　（トゥー　バイ）
は特別に Chủ nhật といいます（曜日→ p.207）。
（チュー　ニャット）

第18課 いつ〜しますか？

「いつ〜しますか？」と未来の予定を尋ねる表現です。

バオ　　ゾー　　　アイン　ディー　ヴィエット　　ナム

Bao giờ anh đi Việt Nam?

疑問詞　　　　　主語　　動詞　　　　　目的語

あなたは いつ ベトナムに 行きますか？

ちょっとだけ文法 1 　疑問詞 bao giờ

〈Bao giờ ＋平叙文＋ ?〉の形で、「いつ〜しますか？」と未来の予定を尋ねる文になります。

バオ　　ゾー　アイン　ディー　コン　タック

例 **Bao giờ anh đi công tác?** あなたはいつ出張に行きますか？
　　いつ　　　あなた　行く　　出張

タン　　サウ　トイ　ディー

-Tháng sau tôi đi. 　　　　　来月に行きます。
　来月　　　私　行く

ちょっとだけ文法 2 　bao giờ は置く位置で時制が変化

bao giờ は、文章中の文末にくると時制が変化して過去に起きたことを尋ねる意味になってしまうので注意が必要です。

アイン　デン　ヴィエット　ナム　バオ　ゾー

例 **Anh đến Việt Nam bao giờ?** あなたはいつベトナム
　あなた　来る　　ベトナム　　　いつ　　　に来ましたか？

トゥー　ガイ　ハイムオイバイ　タン　タム

-Từ ngày 27 tháng 8. -8月27日（から）です。
　〜から　日　27　　月　8

từ 〜から

98

こんな場面で使います

ケース1

A
バオ　ゾー　バン　クア　バン　デン　ヴィエット　ナム
Bao giờ bạn của bạn đến Việt Nam?
お友だちは、いつベトナムに来ますか？

đến は「来る」、bạn của bạn は「あなたの友だち」、bạn「あなた」と bạn「友だち」は同じ発音なので、この場合 của「～の」は省略できません。

B
バン　アイ　ズ　キエン　セー　デン　ヴァオ
Bạn ấy dự kiến sẽ đến vào
キー　ギー　ヘー
kỳ nghỉ hè.
夏休みに来る予定です。

dự kiến は「予定」、kỳ nghỉ hè は「夏休み」の意味です。主語は〈Bạn「友だち」＋ấy〉の形で、第三人称代名詞になります。

ケース2

A
バオ　ゾー　バン　ヴェー　ニャット
Bao giờ bạn về Nhật?
あなたはいつ日本に帰りますか？

bao giờ は「いつ」、về は「帰る」、Nhật は「日本」です。

B
ガイ　モン　サウ　タン　ムオイモット
Ngày mồng 6 tháng 11 .
11月6日です。

日付が1～10日の場合は、ngày の後ろに mồng をつけましょう。10より大きい数字の日付には必要ありません。

コラム

日付の言い方には注意が必要

　〇月〇日という日本と違い、〇日〇月の順で読みます。また、日付の「前」に ngày や tháng がきていますが、逆に 27ngày とすると「27日間」という「期間」になってしまいます。8 tháng も「8か月」になるので、注意が必要です。

第**19**課

41

どれくらい〜ですか？

期間について確認する表現を見てみましょう。

マット	バオ	ラウ	トゥー	ダイ

Mất bao lâu từ đây?

動詞 ― 疑問詞

ここから どれくらい かかり ますか？

ちょっとだけ文法 1 疑問詞 bao lâu

bao lâu は「どのくらい」という期間を尋ねる疑問詞です。ものの大きさなどは表現できないので注意してくださいね。

例 **Mất bao lâu để hoàn thành?**
かかる　どのくらい　〜のために　完成する

どれくらい（の時間）で完成しますか？

-Tôi nghĩ khoảng 1 tiếng.
私　思う　約　1　時間

-1 時間くらいだと思います。

ちょっとだけ文法 2 疑問詞 bao nhiêu

もう少し具体的に「何分」などと聞くときには、bao nhiêu という疑問詞を使います。

例 **Từ đây đến đó mất bao nhiêu phút?**
ここから　そこまで　かかる　どのくらい　〜分

ここからそこまで何十分かかりますか？

-Khoảng 20 phút đi bộ.
約　　20分　　歩く

- 歩いて約 20 分です。

đi bộ 徒歩

こんな場面で使います

ケース1

A

マット バオ ラウ デー デン
Mất bao lâu để đến
タイン フォー ホー チ ミン
Thành phố Hồ Chí Minh?

ホーチミンまでどれくらいかかりますか？

具体的な所要時間を尋ねてはいないので bao lâu を使います。

B

ホアン ヌア ガイ
Khoảng nửa ngày.

半日ぐらいかかります。

bao lâu で聞かれた場合、正確な数字を言わなくても大丈夫です。

ケース2

A

マット バオ ニュウ フット デー
Mất bao nhiêu phút để
トイ カック サン
tới khách sạn?

ホテルまで何分かかりますか？

近場であることを把握している場合は、具体的に所要時間を聞きます。

B

ホアン ムオイ フット バン タクシー
Khoảng 10 phút bằng taxi.

タクシーで10分ぐらいです。

bằng のあとに交通手段 (xe máy「バイク」、máy bay「飛行機」、tàu thủy「船」など)を入れます。

第20課 どれを～しますか？

42

いくつかの物を見て「どれを～？」と尋ねる表現です。

チ　　　　　ムア　　　　カイ　　ナオ

Chị mua cái nào?

主語　　　　　　動詞　　　　　類別詞＋疑問詞

あなたは どれを 買い ますか？

ちょっとだけ文法 1　疑問詞 nào

　　nào は疑問詞ですが、それ 1 つでは「どれ」という意味をなさず、選んでいるものにつく類別詞や名詞を前につける必要があります。

　　類別詞とは名詞を特定化する機能をもった語のことで無生物につくもの（cái）と、生物につくもの（con）と大きく 2 つに分けられます。

例

カイ　ニャー　ナオ
cái nhà nào　　　どの家（類別詞は無生物につく cái）

コン　チョー　ナオ
con chó nào　　　どの犬（類別詞は生物につく con）

＊そのほかに本などにつく quyển、工業製品など、精巧に作られているものにつく chiếc、果物につく quả など、類別詞は多数あります。

ちょっとだけ文法 2　gì との使い分けに注意が必要

　　「どれ」という意味である nào は、第 2 課で学んだ「何」の gì (→ p.64) と使いどころが似通っているところがあるので、注意が必要です。

例

アイン　ホック　ジー　オー　ヴィエット　ナム
Anh học gì ở Việt Nam?

(人称代名詞)　学ぶ　何　～で　ベトナム

ベトナムで何を勉強していますか？

こんな場面で使います

ケース1

A

エム　ティック　コン　メオ　ナオ
Em thích con mèo nào?

あなたはどの猫が好きですか？

猫は生物なので類別詞はcon。

B

トイ　ティック　コン　メオ　ナイ
Tôi thích con mèo này.

私はこの猫が好きです。

thíchは「好き」の意味です。指示代名詞này「この」は、
話し手と対象の位置が近い場合に使います。

ケース2

A

エム　ダン　ホック　ティエン　ナオ
Em đang học tiếng nào?

あなたは、何語を学んでいますか？

B

エム　ダン　ホック　ティエン　ファップ
Em đang học tiếng Pháp .

私はフランス語を学んでいます。

... nào? は ... gì? に比べ選択疑問文（英語で言うwhich
やorなど）のように感じられるかもしれませんが、返答
は〈主語＋動詞＋目的語〉の形で大丈夫です。

コラム

いろいろな疑問詞の 〈＋nào〉

ヒー　ナオ　ルック　ナオ
例 khi nào, lúc nào　　どの時→いつ（bao giờ と同じ意味）

テー　ナオ
thế nào　　　　　　　どのように→どうやって

チョー　ナオ
chỗ nào　　　　　　　どの場所で→どこで（ở đâu と同じ意味）

＊これまで学んできた疑問詞も、＋nào で言い換えることができます。

第21課

43

〜したいです

自分のしたいことを表す言い方を覚えましょう。

Tôi muốn uống sinh tố xoài.

<small>トイ　ムオン　ウオン　シン　トー　ソアイ</small>

主語 ／ 助動詞＋動詞 ／ 目的語

私は マンゴースムージーが 飲みたいです。

🌹 **ちょっとだけ文法 1**　助動詞 muốn

動詞の前に「〜したい」を表す muốn という助動詞を加えます。
否定文にするときは、không muốn〜 で「〜したくない」となります。

例 **Tôi muốn uống rượu.**　お酒を飲みたいです。
<small>トイ　ムオン　ウオン　ゾウ</small>
　私　〜したい　飲む　お酒

Tôi không muốn uống rượu nữa.
<small>トイ　ホン　ムオン　ウオン　ゾウ　ヌア</small>
　私　（否定）　〜したい　飲む　お酒　再び

もうお酒を飲みたくありません

> rượu　酒 ／ nữa　また、再び

muốn mua「買いたい」、muốn ăn「食べたい」、muốn đi「行きたい」
など、muốn ... は旅行先でとても使いやすい表現の 1 つです。積極的
に使っていきたいですね！

例 **Tôi muốn mua một món quà lưu niệm.**
<small>トイ　ムオン　ムア　モッ　モン　クァ　ルー　ニエム</small>
　私　〜したい　買う　1つ　（類別詞）　おみやげ

おみやげを買いたいです。

Tôi muốn ăn kem.　アイスクリームを食べたいです。
<small>トイ　ムオン　アン　ケム</small>
　私　〜したい　食べる　アイスクリーム

104

こんな場面で使います

ケース1

A
Chị muốn làm gì?
チ　　ムオン　　ラーム　ジー

あなたは何がしたいですか？

làmは「～する」という意味。gìを使って疑問文にします。

B
Tôi muốn đi xem múa rối nước.
トイ　ムオン　ディー　セム　ムア　ゾイ　ヌオック

私は水上人形劇を見に行きたいです。

〈đi xem＝行く＋見る〉→「見に行く」となります。
ディー　セム

ケース2

A
Bạn muốn ăn phở không?
バン　　ムオン　アン　フォー　　ホン

フォーが食べたいですか？

ănは「食べる」。文末にkhôngを入れ、確認し誘う形の疑問文にします。

B
Hay quá!　Tôi muốn ăn.
ハイ　クア　　　　トイ　ムオン　アン

いいですね！　食べたいです。

断る場合は、Bây giờ tôi không muốn ăn.「今は食べたくありません。」と言います。
バイ　ゾー　トイ　ホン　ムオン　アン

---

múa rối nước 「水上人形劇」ってどんなもの？
ムア　ゾイ　ヌオック

　ベトナムの伝統的な人形劇。伝統楽器の生演奏に合わせ、カラフルな人形たちが水上でコミカルに動きながら演劇を行います。ベトナムの民話・伝説などを題材とした短編の演目がテンポよく演じられます。楽しみながらベトナムの文化に触れられるので人気があります。

第22課 もう〜しましたか？

動作の状況を確認する言い方を見てみましょう。

バン　　ダー　　ラム　　バイ　　タップ　　チュア
Bạn đã làm bài tập chưa?

主語 ………… 目的語

あなたは もう 宿題を しましたか？

ちょっとだけ文法1 ｜ 完了の表現

その動作が終わっているかどうかを尋ねるときは、〈主語＋đã＋動詞＋（目的語）＋chưa?〉の形で使います。

例 ダー　チュア
đã chưa? もう　しましたか？

チュア　ア
-Chưa ạ -まだです。 ＊chưa は単体で未然「まだ〜ない」を表す。

ゾイ　ア
-Rồi ạ -しました（完了）。

ちょっとだけ文法2 ｜ chưaとkhôngの使い分け

chưa は疑問文、否定文などで使う không と使い方が似ていますが、与えるニュアンスは変わってきます。特に否定文を作りたいときは、どちらを使うかをしっかりと意識する必要がありますね！

例 トイ　チュア　ディー　ヴィエット　ナム
Tôi chưa đi Việt Nam. ベトナムには（まだ）行っていません。

（行ったことはないが、行く機会があるかもしれない）

トイ　ホン　ディー　ヴィエット　ナム
Tôi không đi Việt Nam. ベトナムには行きません。

106

ケース1

A

エム　ダー　ゴイ　ディエン　チョー
Em đã gọi điện cho
アイン　ハイ　チュア
anh Hải chưa?

（あなたは）ハイさんに電話をかけましたか？

B

エム　チュア　ゴイ　ディエン　チョー　アイン　ハイ
Em chưa gọi điện cho anh Hải.

（私は）まだハイさんに電話をかけていません。

ゴイ ディエンで「電話をかける」で、ゴイ gọiは「呼ぶ」となります。

ケース2

A

エム　アン　コム　　チュア
Em ăn cơm chưa?

（もう）ご飯を食べましたか？

チュアのみで時制の説明ができているので、ダーđãは省くことができます。

B

エム　アン　ゾイ
Em ăn rồi.

食べました。

文末を...rồiとすることで、「〜が完了した」という意味になります。

コラム

同じ発音の「チュア」

　chưaと同じ発音のtrưaという語があり、意味が異なるので注意しましょう。

例
アン　チュア
ăn trưa. → 昼ご飯を食べます。

アン　チュア
ăn chưa? → もう食べましたか？

アン　チュア　チュア
ăn trưa chưa? → もう昼ご飯を食べましたか？

第23課 ～したことがありますか？

45

過去に経験したことについて尋ねる表現です。

エム　ダー　バオ　ゾー　レオ　ヌイ　フー　シー　チュア

Em đã bao giờ leo núi Phú Sĩ chưa?

主語　　　　　　　　　　動詞　　　目的語

あなたは **富士山に** **登った** **ことがありますか**？

ちょっとだけ文法 1 　過去文の疑問形＋bao giờ

　過去に経験したことがあるかを尋ねることができます。第22課で đã と chưa ではさんでいた過去文の疑問形に、bao giờ を加えた形です（→p106）。「はい」「いいえ」で単純に答えるには下の例を使います。

例 **-Rồi.**　- はい。　　　　**-Chưa.**　- いいえ（まだです）。

ちょっとだけ文法 2 　否定・肯定の答え方

「まだ～ない」という chưa を使った否定形に bao giờ を加えることで、未経験であることを伝えることができます。

例 **Tôi chưa bao giờ leo núi Phú Sĩ.**

富士山に登ったことがありません。

　経験ずみの場合は〈主語＋ đã từng ＋動詞＋（目的語）〉の形で「～したことがある」ということを表します。

例 **Tôi đã từng leo núi Phú Sĩ.**

富士山に登ったことがあります。

đã は過去であることは伝えられますが、「経験したことがある」というニュアンスをしっかり伝えるためには đã từng としてください。

こんな場面で使います

ケース1

A

エム ダー バオ ゾー アン フォー アー
Em (đã) bao giờ ăn phở ở
ヴィエット ナム チュア
Việt Nam chưa?

ベトナムでフォーを食べたことがありますか？

文末にchưaやrồiなどの時制がわかる表現が入っている場合、đãを省略することができます。

B

ゾイ エム ダー アン ニュウ ラン ゾイ
Rồi, em (đã) ăn nhiều lần rồi.

はい、たくさん食べました。

lầnは「〜回」という意味です。なので具体的な数字を入れて、một lần, hai lần...（1回、2回…）とすることができます。自分の経験値を言うときには便利な表現ですね！

ケース2

A

エム ダー バオ ゾー ディー ハー ノイ チュア
Em đã bao giờ đi Hà Nội chưa?

ハノイに行ったことがありますか？

bao giờは動詞＋目的語の後にもってきても同じ意味になります。→Em đã đi Hà Nội bao giờ chưa?

B

チュア エム チュア トゥン ディー
Chưa, em chưa từng đi.

いいえ、まだ行ったことがありません。

「行ったことがありません」というニュアンスを強調するため、chưa từngを使います。

コラム

「絶対に〜しない」という強意の否定を表すには

chưa bao giờ を không bao giờ とすると「したことがない」から「決してしない」という強意の否定となることを覚えておいてください。

チ アイ ホン バオ ゾー フット トゥック ラー
例 **Chị ấy không bao giờ hút thuốc lá.** 彼女は絶対にタバコは吸わない。

第 24 課

～できる

「～することができる」という言い方を覚えましょう。

アイン　　フン　　コー　テー　ヴィエット　ドゥック　チュー　ハン
Anh Hùng có thể viết được chữ Hán.

主語　　　　　　　　　　可能文（動詞）　　　　　　　目的語

フンさんは 漢字を 書くことができる。

ちょっとだけ文法 1 ｜ 可能文の３つのパターン

　　動詞を có thể ... được ではさむと、「～することができる」という可
能文になります。ただじつは動詞の前の có thể、動詞の後の được は単
体のみでも可能文とすることができます。つまり、３パターンの文章で
表現できることになります。以下はすべて同じ意味です。

アイン　　フン　　コー　テー　ヴィエット　ドゥック　チュー　ハン
例 ❶ **Anh Hùng có thể viết được chữ Hán.**

アイン　　フン　　コー　テー　ヴィエット　チュー　ハン
❷ **Anh Hùng có thể viết chữ Hán.**

アイン　　フン　　ヴィエット　ドゥック　チュー　ハン
❸ **Anh Hùng viết được chữ Hán.**

ただ có thể と được は、文中の語順によって違う意味をもつことが
あります。

　　たとえば có thể は文頭におくと「多分～だろう」となったり、được
は動詞の前に置いてしまうと「～される」という受け身文になります。
được はそれだけでなく、許可の意味をもつ「～できる／～してよい」
にもなり得ます。

　　ですから可能文にしたいときは、どのパターンも単語の位置に十分注
意してください。

こんな場面で使います

ケース1

A

トイ コー テー チョイ ダン ギター
Tôi có thể chơi đàn guitar.

私はギターを弾くことができます。

chơiは「遊ぶ、弾く、(スポーツなどを)する」という意味
で、英語のplayに近い使い方をします。

B

トイ ホン テー チョイ ダン ギター
Tôi không thể chơi đàn guitar.

私はギターは弾けません。

「弾けません」は、không thể chơi です。

ケース2

A

トイ コー テー ノイ ドゥック ティエン ヴィエット
Tôi có thể nói được tiếng Việt.

私はベトナム語を話せます。

nói「話す」は、英語のspeakにあたります。

B

トイ ホン テー ノイ ドゥック
Tôi không thể nói được.

私は話せません。

質問で目的語(この例ではtiếng Việt「ベトナム語」)が
はっきりしていれば返答で省略してもかまいません。

コラム

「〜を知っている」＝「〜することができる」という考え方

biết「知る」という動詞を使って可能文を作ることもできます。

例 トイ ビエット ライ セー マイ
Tôi biết lái xe máy.　私はバイクを運転できます。

直訳すると「私はバイクを運転するのを知っている」ですが、これが転じて「私
はバイクを運転できる」となります。「〜のやり方を知っている」＝「〜できる」と
いう意味となるわけです。

第 **25** 課

〜できますか？

相手に可能かどうか確認する表現です。

アイン　　　フン　　コー　テー　ヴィエット　ドゥック　チュー　　ハン　　　ホン

Anh Hùng có thể viết được chữ Hán không?

主語　　　　　　　　　可能文（動詞）　　　　　　　　目的語　　　疑問詞

フンさんは 漢字を 書くことができ ますか？

🌹 **ちょっとだけ文法 1** ┃ 3パターンにそった疑問文と否定文

可能文を使った疑問文とその答え方をみていきましょう。

疑問文 どのパターンも文末に không? （ホン）をつければ疑問文となります。

アイン　　フン　　コー　テー　ヴィエット　ドゥック　チュー　　ハン　　　ホン
例 ❶ **Anh Hùng có thể viết được chữ Hán** không?

アイン　　フン　　コー　テー　ヴィエット　チュー　　ハン　　　ホン
❷ **Anh Hùng có thể viết chữ Hán** không?

アイン　　フン　ヴィエット　ドゥック　チュー　　ハン　　　ホン
❸ **Anh Hùng viết được chữ Hán** không?

フンさんは漢字が書けますか？

答え方 どのパターンにも、được （ドゥック）を使って答えることができます。

ドゥック
例 -**Được.** 　　- はい（できます）。

ホン　　　ドゥック
-**Không được.** 　　- いいえ（できません）。

否定文 動詞の前に không （ホン）をつけるセオリーは同じですが、❶と❷では có thể （コー テー）が không thể （ホン テ）となる点に注意しましょう。

アイン　　フン　　ホン　　テー　ヴィエット　ドゥック　チュー　　ハン
例 ❶ **Anh Hùng** không thể **viết được chữ Hán.**

アイン　　フン　　ホン　　テー　ヴィエット　チュー　　ハン
❷ **Anh Hùng** không thể **viết chữ Hán.**

アイン　　フン　　ホン　　ヴィエット　ドゥック　チュー　　ハン
❸ **Anh Hùng** không **viết được chữ Hán.**

フンさんは漢字が書けません。

こんな場面で使います

ケース1

A

バン　ボイ　ドゥック　　　ホン
Bạn bơi được không?

あなたは泳げますか？

bơi は「泳ぐ」という意味です。không を文末につけて
疑問文にします。

B

ドゥック　トイ　ボイ　ドゥック
Được, tôi bơi được.

はい、泳げます。

「はい、できます」の意味ですが、ベトナム語の場合には、
動詞で答えると自然な会話になります。

ケース2

A

バン　チ　コー　テー　ナウ　アン　ホン
Bạn chị có thể nấu ăn không?

あなたの友だちは料理はできますか？

nấu ăn は「料理をする」の意味です。không を文末につ
けて疑問文にします。

B

ホン　　　　バン　アイ　ホン　テー　ナウ　アン
Không, bạn ấy không thể nấu ăn.

いいえ、（彼は）料理はできません。

後の文で「料理はできません」を強調しているので、最
初の Không được の được は省略しても大丈夫です。

コラム

ベトナムの道端で

　ベトナムではふと上を見上げれば「何十本あるの？」と思えるほど電線が束に
なって渡してあります（そして所々断線している）。「危ないなぁ」と思っていたら、
バトミントンのシャトルが足元に飛んできたりします。

　朝から元気なベトナムの人たちは、道路だろうとスペースがあればお構いなし
にバトミントンや卓球、エアロビクスに興じるのです。

第 26 課

〜してはいけない

「〜してはいけない」「〜しないでほしい」の言い方を覚えましょう。

ドゥン　　　　　チョー　　　ダー

Đừng cho đá.

動詞　　　　　　　目的語

氷を 入れないでください。

ちょっとだけ文法 1 ｜ 禁止を表す đừng

　　文頭に禁止を表す đừng を置くことで「〜しないで（ください）」と
なります。どことなく英語の Don't に使い方も意味も音も似ていますね。
上の例文のように「〜を入れないでください」は、レストランでよく使
う表現なので単語を入れ替えて使ってみてください。

ドゥン　　チョー　オット
例 **Đừng cho ớt.**　　　　トウガラシを入れないでください。
　〜しないでください　とうがらし

より丁寧にしたければ đừng の前に xin を加えます。

シン　ドゥン　ロー　ラン
例 **Xin đừng lo lắng.**　　心配しないでください

ちょっとだけ文法 2 ｜ 助動詞 nên と cần

　　禁止文は「〜してはいけない」という相手に強く求める表現ですが、
助動詞 nên「〜すべき」と cần「〜する必要がある」を否定形にすると
それぞれ không nên「すべきではない」と không cần「〜する必要がない」
となり、また違ったニュアンスの話し方ができます。

アイン　　　ホン　　　ネン　　ライ　セー
例 **Anh không nên lái xe.**　　車を運転すべきではありません。

エム　　　ホン　　　カン　　ムア　バン　ドー
Em không cần mua bản đồ. 地図を買う必要はありません。

こんな場面で使います

ケース1

A

A
ドゥン フット トゥオック ラー オー ダイ
Đừng hút thuốc lá ở đây.
ここでタバコを吸わないでください。

B

hútは「吸う」、thuốc láは「タバコ」。thuốcは「薬」、lá
は「葉」と別々の単語としても使います。

B
トイ シン ロイ
Tôi xin lỗi.
失礼しました。

この場合の「失礼しました」は「すみません」のニュアン
スなのでxin lỗiを使います。

ケース2

A
ホム ナイ ホン ネン レオ ヌイ
Hôm nay không nên leo núi.
今日は登山すべきではありません。

không nênは「すべきではない」、leo núiは「登山」とい
う意味です。「すべきではない」の後に「登山」という語順
になります。

A

B
ウー ニー
Ử nhỉ.
そうですね。

親しい間柄の話し手の意見に同意する言葉です。

ベトナムでの食事のマナーの違いは？

　日本とあまり違いはありませんが、「食べ物をあえて残す」のがマナーと言える
でしょう。出されたものをすべて食べてしまうと、「あ、この客人はまだ食べ足り
ないんだ。"食べ物がない＝ひもじい"と思われては我が家の恥！」と思われ、ど
んどん皿に盛られてしまいます。慎ましく少しだけ残しておきましょう。

コラム

第27課 〜しなさい

49

命令文のさまざまな表現を見てみましょう。

エム	ホック	ティエン	ヴィエット	ディー
Em	**học**	**tiếng Việt**		**đi.**

主語　　　　　動詞　　　　　　　目的語　　　　　　命令形

（あなたは）ベトナム語を　勉強し　なさい。

ちょっとだけ文法1　命令形の作り方

平叙文の文末に đi（ディー）をつけるだけで、命令文を作ることができます。

例 **Ăn đi.**（アン　ディー）　食べなさい。
　　食べる（命令形）

ただ、〈動詞＋đi（ディー）〉は確かに文法上は命令形なのですが、文脈や相手との関係性、そして声のトーンなどにより命令ではないさまざまな表現を表すことができます。

Ăn đi（アン　ディー）は直訳すると「食べなさい」ですが、人に食事をふるまうときにも「召し上がれ」のようなニュアンスで使います。

ちょっとだけ文法2　đi（ディー）を二重に言う場合

đi（ディー）は動詞の「行く」でもあるため、二重で使われる場合もあります。

その場合は、命令・催促のニュアンスがより強まります。

＊文末につける đi（ディー）と動詞の đi（ディー）「行く」は同じつづりです。

例 **Đi ngủ đi.**（ディー　グー　ディー）　寝なさい。
　　Đi chơi đi.（ディー　チョイ　ディー）　遊んで／遊びましょう。

こんな場面で使います

ケース1

A

トイ　ディー　グー　ディー
Thôi đi ngủ đi.

もう寝なさい。

Thôiは「もう」の意味で、「もう時間だ。寝なさい」のニュアンスを強調します。「私」のtôiではありません。

B

チョー　コン　モット　チュット　ヌア
Chờ con một chút nữa.

あと少しだけ待って。

親子の会話なので、人称代名詞がcon（子どもの人称代名詞）になります。chờは「待つ」です。

ケース2

A

レン　セー　ブィット　キア　ディー
Lên xe buýt kia đi.

あのバスに乗りなさい。

xe buýt＝「バス」という意味です。指示代名詞kia「あの」を使います。

B

コー　ファイ　セー　ブィット　マウ　サイン
Có phải xe buýt màu xanh
キア　　　ホン
kia không?

あの青いバスですか？

形容詞màu xanh「青い」は名詞の後ろにつけます。
Có phải ... không?　確認疑問文です。

コラム

使われる場面によって意味が変化するベトナム語

　ディー　ウォン　カー　フェー　ディー
　Đi uống cà phê đi!　と言うと「コーヒーを飲みに行きなさい」という命令形の形ながら、「コーヒーを飲みに行こう」という意味になります。シチュエーションによって意味合いが広がってくるのがベトナム語の大きな特徴です。

第28課 ～しましょう

50

相手を誘いたいときの言い方を覚えましょう。

クン　ディー　ウォン　カー　フェー
Cùng đi uống cà phê!

勧誘の表現　　　　　　動詞　　　　　　目的語

コーヒーを 飲みに行き ましょう！

 **ちょっとだけ文法2** │ Cùng を使った勧誘の表現

「～しましょう」と相手を誘うときは〈Cùng＋動詞＋目的語〉の形にします。上の例文では主語を省いていますが、加えるとするならば「私たち」chúng ta になります（その場にいる全員＝私たち）。

チュン　ター　　クン　ディー　ウォン　カー　フェー
例 Chúng ta cùng đi uống cà phê!

コーヒーを飲みに行きましょう

ちょっとだけ文法2 │ 文末にnhé がつく場合

... nhé は文末詞と言われ、文章上というよりは、実際の会話の中で多く聞かれるベトナム語です。こちらも意味のとらえ方が非常に広いです。

チャウ　アン　コン　ニェー
例 Cháu ăn cơm nhé. （子どもに向かって）ご飯食べようね。→軽い催促

チュン　ター　ディー　アン　ニェー
Chúng ta đi ăn nhé. ご飯食べに行こうね。→勧誘

ドゥン　アン　フォー　クア　トイ　ニェー
Đừng ăn phở của tôi nhé. 私のフォー食べないでね。→禁止

など、... nhé は文末の đi や文頭の hãy と同じ役割を果たしたり、それらの意味を軽く（感じ）させる効果があるのです。

こんな場面で使います

ケース1

A
チュン ター クン ディー セム フィム ディー
Chúng ta cùng đi xem phim đi.
映画を見に行きましょう。

xem phimは「映画を見ます」。語尾にđiをつけると、誘う言葉になります。

B
ハイ ダイ
Hay đấy.
いいですね。

誘われたことに同意する場合に使います。

ケース2

A
チュン ター クン ホック ティエン ヴィエット ニェー
Chúng ta cùng học tiếng Việt nhé.
一緒にベトナム語を勉強しましょう。

họcは「勉強」という意味です。聞き手が明確であれば、主語のchúng taは省くことができます。

B
カム オ ヴァイ ティー トット クア
Cảm ơn. Vậy thì tốt quá.
ありがとう。助かります。

「誘われてうれしいです」のニュアンスがあります。

コラム

cùng は使う場面によって意味合いが変化する

　誘う表現である〈cùng+動詞+目的語〉を使って、Cùng học tiếng Việt. と言えば、文法上は「ベトナム語を勉強しましょう」という意味の勧誘の表現になります。ただし使う場面によっては、「ベトナム語を勉強しようね」という催促のニュアンスが加わった表現にもなり得ます。

第29課

51

〜より…です

比較を表す言い方を見て見ましょう。

ガー　　カオ　　ホン　　ゴック

Nga cao hơn Ngọc.

名詞　　　　形容詞　　　　　　　　名詞

ガーさん は ゴックさん より 背が高い です。

ちょっとだけ文法 1　　A ... hơn B を使った比較表現

hơn は比較を表すときに使います。〈A ＋形容詞＋ hơn ＋ B〉という文型で「A は B よりも〜です」という意味になります。A と B は同種の比べられるものでなければなりません。

タイン　フォー　ホー　チ　ミン　　ロン　ホン　　タイン　フォー　ハー　ノイ
例 **Thành phố Hồ Chí Minh lớn hơn thành phố Hà Nội.**
　　　　〜市　　　　ホーチミン　　大きい　〜より　　　〜市　　　　ハノイ

ホーチミンはハノイより大きいです。

ちょっとだけ文法 2　　程度の表現

程度を表すことばを後ろの名詞（B）のあと、あるいは、文末に付けると比較の程度を表すことができます。

カイ　　バイン　ナイ　ダット　ホン　カイ　バイン　キア　モット　チュット
例 **Cái bánh này đắt hơn cái bánh kia một chút.**
　　　　ケーキ　　この　　高い　〜より　ケーキ　あの　　少し

このケーキはそのケーキより少し高いです。

カイ　ブット　ナイ　デップ　ホン　カイ　ブット　キア　ニュウ
Cái bút này đẹp hơn cái bút kia nhiều.
　　　ペン　　この　大きい　〜より　ペン　　あの　多い（ずっと）

このペンはそのペンよりずっときれいです。

こんな場面で使います

ケース1

A

ブオイ　　サン　　ヴァー　　ブオイ　　チェウ　　　ヒー　　ナオ　　ザイン　　ホン
Buổi sáng và buổi chiều, khi nào rảnh hơn?

午前と午後、どちらのほうが空いていますか？

〈A và B, 疑問詞＋形容詞＋hơn?〉の文型で2つの選択肢を相手に尋ねる文になります。khi nàoは「いつ」という意味です。

B

ブオイ　　　サン　　　ザイン　　　ホン
Buổi sáng rảnh hơn.

午前のほうが空いています。

答えるときは〈A(or B)＋形容詞＋hơn〉となります。

ケース2

A

エム　　ティック　　カイ　　ナオ　　ホン
Em thích cái nào hơn?

どちらのほうが好きですか？

選ぶ物が相手の目の前にあるときはこの言い回しがよく使われます。

B

エム　　ティック　　カイ　　ベン　　ファイ　　ホン
Em thích cái bên phải hơn.

右のほうが好きです。

　　　　　　　　　　　　エム　ティック　カイ　ベン　チャイ　ホン
「左のほう」＝ Em thích cái bên trái hơn.
　　　　　　　　　　　ベン
「〜側、〜のほう」＝ bên
　　　　　　　　　　　エム　ティック　カイ　ナイ　ホン
「こっちのほう」＝ Em thích cái này hơn.
　　　　　　　エム　ティック　カー　ハイ
「両方」＝ Em thích cả hai.

コラム

比較級の文型はシンプルですが…

　比較級の文型はシンプルなので、形容詞を覚えればすぐ話せるようになるでしょう。ただし、ベトナムにおいてもお金や恋愛ごとなどを比べて優位に立とうとするとトラブルの元ですので気を付けましょう！

第30課 いちばん〜です

最上級の表し方を覚えましょう。

モン　ナオ　ゴン　ニャット
Món nào ngon nhất?

指示代名詞　　　　形容詞　　最上級の表現

どれが いちばん おいしいですか？

ちょっとだけ文法１ 　形容詞＋nhấtで最上級を表す

「いちばん〜です」という最上級の表現は、形容詞のあとに … nhất とつければ OK です。形容詞の語形も変化しません。đắt nhất「いちばん（値段が）高い」、đẹp nhất「いちばん美しい」、trẻ nhất「いちばん若い」など、シンプルに形容詞の後につけてみましょう。

例 **Anh ấy là người trẻ nhất.**　　彼がいちばん下（若い）です。

アイン　アイ　ラー　グイ　チェー　ニャット

彼　　　です　若い（人）　最も

nhất じたいが「いちばん」という意味をもちます。thứ nhất で「（順序の意味での）１番」でもあり、「（実力や成績などの）トップ」という意味でもあります。

ちょっとだけ文法２ 　là文を使った最上級

là 文（→ p.62）を使っても最上級を表すことができます。名詞（núi「山」）の後ろに cao nhất「いちばん高い」をつけて名詞を修飾します。

例 **Núi Phú Sĩ là núi cao nhất tại Nhật Bản.**

ヌイ　フー　シー　ラー　ヌイ　カオ　ニャット　タイ　ニャット　バン

富士山　　　です　山　　高い　最も　　〜で　　　日本

富士山は日本でいちばん高い山です。

こんな場面で使います

ケース1

A

カイ　ナオ　ゼー　ニャット
Cái nào rẻ nhất?

どれがいちばん安いですか？

cái này「どれ」は、類別詞が指すものによって異なるので注意が必要です。

B

カイ　ナイ　ゼー　ヴァー　デップ　ア
Cái này rẻ và đẹp ạ.

こちらが安くて、キレイです。

形容詞を〈A và B〉のように và でつなげることで、さまざまな表現ができますね。

ケース2

A

アイ　ラー　グィ　カオ　ニャット
Ai là người cao nhất?

誰がいちばん背が高いですか？

cao は「（背が）高い」の意味です。疑問詞 ai「誰」をつけ、疑問文にします。

B

タケオ　カオ　ニャット
Takeo cao nhất.

タケオがいちばん背が高いです。

名前だけ変えれば文型はそのまま使えます。

 コラム

ベトナムでのタブーって？

　ベトナム駐在予定の会社員の方から、よく「ベトナムって何かタブーなどありますか？」という質問をいただきます。ただ正直な話、僕はベトナムで生活していて、「これは絶対ダメ！」と思われることは一度もしていないです（と思います）。

　日本で暮らしていたときの常識の範囲で生活していれば、多少の違和感はあっても、問題レベルにまではまずなりませんでした。

ベトナムの人付き合い

ベトナムでは初対面の相手の年齢を尋ねることが普通です。

それは、ベトナムには日本てよく使われている「〜さん」といったどの場面でも使える人称代名詞がないからです。場面や立場などによって人称代名詞が変わるので、失礼にならないよう会話を進めるためにまず年齢を尋ねる人が多いのです。

年齢を知らないまま会話をするときはできるだけ相手を尊重する人称代名詞を使うのですが、かえって相手に心の距離を感じさせてしまい「私と仲よくしたくないのかな？」と気持ちが冷めてしまうケースもあるのが難しいところです。日本人だと会話の中で年齢を聞くことは失礼だと思う人もいるかもしれませんが、そのような文化を理解すると納得できますね。

また、家族や仲間が集まったときは、婚姻の状況や給料などのプライベートな質問をする人も多いです。だいたいは好奇心から相手のことをよく知りたかったり心配してくれたりして聞いてくるので悪意はありませんが、「恋人はできた？」「子どもはいつ作るの？」「貯金はいくら？」などと毎回のように言われると余計なお世話と感じるベトナム人も少なくないです。

最近ではプライベートな事に関して配慮する意識が広まり、お互い不愉快にならないようにしようという認識をもつ人が増えているようで、旧来の人付き合い文化が薄れていくのは少し寂しく感じますが、人々が幸せに暮らせるように時代や場面に合わせて変わっていく文化もありますね。

ステップ**4**

旅行もビジネスも
バッチリ!
場面別定番フレーズ

チョー　トイ　ヌォック
Cho tôi nước.
お水をください。

マイ　バイ
máy bay
飛行機

クア　ハン　ミエン　トゥエ
cửa hàng miễn thuế
免税店

ドイ　ティエン
đổi tiền
両替

DUTY FREE

EXCHANGE

トン　ティン
thông tin
インフォメーション

126

ヴェー　マイ　バイ
vé máy bay
航空券

ホ　チェウ
hộ chiếu
パスポート

デー　ズー　リック　ア
Để du lịch ạ.
観光です。

ハイ　クアン
hải quan
税関

サン　バイ
sân bay
空港

ヴァリー
vali
スーツケース

ステップ**4**

旅行もビジネスもバッチリ！　場面別定番フレーズ

127

機内で使えるフレーズ

飛行機に乗ったときからベトナム旅行が始まります。
客室乗務員にベトナム語で話しかけてみましょう。

客室乗務員との会話

チョー　トイ　ヌォック
Cho tôi nước.

お水をください。

シン　モイ　アイン
Xin mời anh.

（男性に）どうぞ。

チョー　トイ
Cho tôi ... で「私に〜をください」という意味になるので、後ろにほしい物の
言葉を入れて相手に申し出ることができます。

チョー　トイ　カー　フェー
例 Cho tôi cà phê.　　　コーヒーをください。
　　ください　私に　　コーヒー

チョー　トイ　モッ　コック　ヌア
Cho tôi một cốc nữa.　もう1杯お願いします。
ください　私に　1つ　コップ　再び（また）

128

フレーズ **1** おしぼりをもらう

チョー　トイ　モット　カイ　ハン
Cho tôi một cái khăn.

おしぼりをください。

表現 〈Cho tôi một ＋ 数量〉〈cái khăn＋（類別詞 ＋ 名詞）〉の文型でいろいろなパターンが作れます。

フレーズ **2** 少し寒いとき

チ　オイ　コー　チャン　ホン
Chị ơi, có chăn không?

ブランケットはありますか？

表現 〈主語 ＋ có ... không? 〉で「〜はありますか？」という意味になります。

フレーズ **3** 自分の座席に人が座っていたとき

シン　ロイ　ダイ　ラー　チョー　ゴイ　クア　トイ
Xin lỗi, đây là chỗ ngồi của tôi.

すみません、ここは私の座席です。

表現 Xin lỗiの後に人称代名詞anh / chịなどを加えるとより丁寧な表現になります。

プラスα 座席を変更したいときは
アイン　チー　コー　テー　ドーイ　チョー　チョー　トイ　ドゥック　ホン
Anh / chị có thể đổi chỗ cho tôi được không? 「席を変更できますか？」

フレーズ **4** 座席を立つとき

トイ　ディー　クア　ドゥック　ホン
Tôi đi qua được không?

前を通ってもいいですか？

表現 〈主語＋動詞＋ được không? 〉で「〜してもいいですか？」の文型になります。

129

第2課 空港で使えるフレーズ

入国管理局で使われるやり取りを覚えておきましょう。

入管管理官との会話

ムック　ディック　チュエン　ディー　クア　バン　ラー　ジー
Mục đích chuyến đi của bạn là gì?

旅の目的はなんですか？

デー　ズー　リック　ア
Để du lịch ạ.

観光です。

ベトナムに到着後、空港で話しかけられると思われる言葉の例を挙げます。

例
ハイ　チョー　トイ　セム　ホー　チェウ
Hãy cho tôi xem hộ chiếu.　パスポートを見せてください。
(命令形)　ください　私に　見せる　　パスポート

ハイ　デー　ディエン　トアイ　ヴァオ　ハイ
Hãy để điện thoại vào khay.　電話をトレーに入れてく
(命令形)　置く　　電話　　　　〜に　トレー　ださい。

130

フレーズ**1** 両替所を探す

トイ　ムオン　ドイ　ティエン
Tôi muốn đổi tiền.

両替がしたいです。

語彙 〈Tôi muốn + 複合動詞〉で「私は〜したい」と伝えることができます。

フレーズ**2** 荷物を預けられるか尋ねる

トイ　コー　テー　グイ　ハイン　リー　クア　トイ　ホン
Tôi có thể gửi hành lý của tôi không?

荷物を預けられますか？

プラスα Hành lý xách tay「機内に持ち込む荷物」/ Hành lý ký gửi「規格より大きい荷物」
/ Hành lý cồng kềnh「規格より重い荷物」/ vali「スーツケース」

フレーズ**3** 航空券の予約をする

トイ　ムオン　ダット　チョー　チェン　チュエン
Tôi muốn đặt chỗ trên chuyến

バイ　ディー　タイン　フォー　ホー　チー　ミン
bay đi Thành phố Hồ Chí Minh.

ホーチミン行きの便を予約したいです。

表現 Tôi muốn đặt vé đi Hồ Chí Minh. 違う表現ですが、同様の意味です。

フレーズ**4** SIM カードを買いたいとき

トイ　コー　テー　ムア　テー　シム　チョー　ナオ
Tôi có thể mua thẻ SIM chỗ nào?

SIMカードはどこで買えますか？

表現 文末の chỗ nào「どこで」は、同じ意味の ở đâu に置き換えても大丈夫です。

文化 ベトナムで SIM カードは通信会社の販売店のほか、街中の商店でも購入できます。

Giao thông
交通

56

ラム　オン　チョー　トイ　デン　フォー　コー
Làm ơn cho tôi đến phố cổ.
旧市街までお願いします

タック　シー
tắc xi
タクシー

シック　ロー
xích-lô
シクロ

セー　マイ
xe máy
バイク

セー　ダップ
xe đạp
自転車

Tôi muốn đến Tràng An thì xuống ở ga nào?

トイ　ムオン　デン　チャン　アン　ティー　スオン　オー　ガー　ナオ

チャンアンへはどの駅で降りればいいです か？

tàu hỏa
タウ　ホア
列車

xe ôtô
セー　オートー
乗用車

xe buýt
セー　ブイット
バス

xe ôm
セー　オム
バイクタクシー

tàu thuyền
タウ　トゥエン
船

タクシーで使うフレーズ

57

空港から市内へ向かうときのタクシーの運転手との
会話を見てみましょう。

運転手に行き先を告げる

クィ　ハック　ディー　ダゥ　ア
Quý khách đi đâu ạ?

どこに行きますか？

ラム　オン　チョー　トイ　デン　フォー　コー
Làm ơn cho tôi đến phố cổ.

旧市街までお願いします。

　Quý khách は少し格式ばっている（イベント／招待状などで用いられる）ので、
anh / chị などの人称代名詞にしたほうが自然かと思います。返答時の人称代名詞
はそのまま anh / chị か、tôi で大丈夫です。

チ　ティー　ダゥ　ア
例 **Chị đi đâu ạ?**　　　　　　　　　　どこまで行きますか？

あなた　行く　どこ　（丁寧形）

ラム　オン　チョー　トイ　デン　フォー　コー
-Làm ơn cho tôi đến phố cổ.　　市街地までお願いします。

〜させてください　私に　行く　旧市街

タクシーを呼びたいとき

ラム　オン　ゴイ　チョー　トイ　タック　シー

Làm ơn gọi cho tôi tắc xi.

タクシーを呼んでください。

表現 ラム　オン　ハイ　ゴイ　タック　シー　チョー　トイ
Làm ơn hãy gọi tắc xi cho tôi. という表現もあります。hãy gọi 「呼んでください」
チョー　トイ
... cho tôi 「私に」の文型です。

フレーズ2　**料金について尋ねる**

デン　ガー　ハ　ノイ　バオ　ニュウ　ティエン

Đến ga Hà Nội bao nhiêu tiền?

ハノイまでいくらですか？

表現 デン　ガー　ハ　ノイ　バオ　ニュウ　ティエン
〈Đến 「まで」＋ ga Hà Nội 「ハノイ駅」＋ bao nhiêu tiền 「いくらの」〉という文型
です。目的地名を変えればそのままの文型で使えます。

フレーズ3　**ゆっくり走ってほしいとき**

ラム　オン　チャイ　チャム　モット　チュット

Làm ơn chạy chậm một chút.

もっとゆっくり走ってください。

表現 チャイ
chạy 「走る」は人の動作だけでなく、車の運転に対しても使えます。

プラスα 同じ意味ですが違う言い方もあります。
ラム　オン　ディー　トゥー　トゥー　トイ
〈Làm ơn ＋ đi 「行く」＋ từ từ 「ゆっくり」＋ thôi.〉

フレーズ4　**降りる場所を告げる**

スオン　ダイ

Xuống đây.

ここで降ります。

表現 チョー　トイ
Cho tôi 「させて」を文頭につ
けると、丁寧な言い回しにな
ります。

ちょっと **ひと息**

"旧市街" とは

首都ハノイにある、古き良き昔ながらの街並みが残った人気の観光エリアのこ
とです。最近では、「ハノイ36通り」とも呼ばれています。（→ p.164）

電車・バスで使うフレーズ

58

タクシー以外の乗り物に乗るときに使えるフレーズを覚えましょう。

目的地への行き方を尋ねる

トイ　ムオン　デン　チャン　アン　ティー　スオン　オー　ガー　ナオ
Tôi muốn đến Tràng An thì xuống ở ga nào?

チャンアンへはどの駅で降りればいいですか？

バン　ハイ　スオン　オー　ガー　ニン　ビン
Bạn hãy xuống ở ga Ninh Bình.

ニンビン駅で降りてください。

　ベトナムではハノイ〜ホーチミンを結ぶ長距離列車が運行しています。停車駅は間隔が離れていますので目的地と降りる駅をしっかり確認しましょう。市内ではバスが走っていますので、利用できると行動範囲が広がって便利です。

フレーズ1 どの電車に乗ればよいか尋ねる

Tôi đi toa số mấy?
トイ　ディー　トア　ソー　マイ

何号車に行けばいいですか？

文化 乗降場のホームは sảnh と言います。長距離列車のホームは1つしかありません。
ホームに着いたら、自分が乗る電車の車両番号で確認しましょう。

フレーズ2 乗車運賃について尋ねる

Thanh toán tiền ở đâu ?
タイン　　トアン　　ティエン　オー　ダゥ

料金はどこで支払いますか？

表現 Thanh toán は「支払い」という意味です。
タイン　トアン

文化 列車の乗車券はインターネットで予約して決済するか、駅の窓口で直接購入します。

フレーズ3 バスの時刻について尋ねる

Mấy giờ có chuyến xe buýt tiếp theo?
マイ　　ゾー　コー　　チュエン　　セー　ブィット　ティエップ　テオ

次のバスは何時に来ますか？

表現 次のように省略して言うこともできます。
Chuyến tiếp theo mấy giờ? 〈（バスの類別詞）＋「次の」＋「何時」？〉
チュエン　ティエップ　テオ　マイ　ゾー

フレーズ4 降りたいバス停を告げる

Tôi xuống ở bến này.
トイ　　スオン　　オー　ベン　　ナイ

このバス停で降ります。

文化 ベトナムのバスは運転手とは別に車掌がおり、運賃は車掌に現金で支払います。定
期券があれば見せるだけで OK です。

ステップ
4

旅行もビジネスもバッチリ！　場面別定番フレーズ

Khách sạn
ホテル

áo choàng
クローク

thang máy
エレベーター

Tôi đã đặt phòng qua mạng.
ネットで予約しました。

lễ tân
フロント

két sắt
金庫

chìa khóa
鍵

người hướng dẫn
コンシェルジュ

Gần đây có nhà hàng nào ngon không?
近くにおいしいレストランはありますか？

フロントで使えるフレーズ

ホテルのフロントで使える表現を見てみましょう。

┤ チェックインするとき ├

トイ　ダー　ダット　フォン　クァー　マン
Tôi đã đặt phòng qua mạng.

ネットで予約しました。

テン　クイ　ハック　ラー　ジー
Tên quý khách là gì?

お名前は？

トイ　ダー　ダット　フォン
Tôi đã đặt phòng「予約しています」に qua ....「〜で」をつけて言えば、手続きがスムーズです。

トイ　ダー　ダット　フォン　クァー　ディエン　トァイ
例 Tôi đã đặt phòng qua điện thoại.　電話で予約しました。

私　〜した　予約(部屋の)　〜で　電話

フレーズ **1** 部屋が空いているか尋ねる

ホム　ナイ　コー　フォン　ホン

Hôm nay có phòng không?

泊まれますか？（今日、お部屋はありますか？）

表現 phòng は「部屋」という意味です。「部屋はありますか」という文が「空き部屋は残っていますか＝泊まれますか」の意になります。

フレーズ **2** 宿泊費について尋ねる

モット　デム　バオ　ニュウ　ティエン

Một đêm bao nhiêu tiền?

1泊いくらですか？

表現 đêm は「夜」の意味ですが、宿泊数を伝えるときにも使えます。Hai đêm「2泊」、Ba đêm「3泊」と数字を変えるだけで大丈夫です。

フレーズ **3** 支払い方法について確認する

トイ　コー　テー　ズン　テー　ティ　ズン　ホン

Tôi có thể dùng thẻ tín dụng không?

クレジットカードは使えますか？

プラスα クレジットカード会社によっては対応していないホテルもありますので、事前に確認しましょう。

フレーズ **4** 部屋を見せてもらいたいとき

チョー　トイ　セム　フォン

Cho tôi xem phòng.

部屋を見せてください。

表現 〈Cho tôi「させてください」+ xem「見る」+ 目的語〉で、「～を見せてください」となります。

宿泊中に使えるフレーズ

ホテルの滞在中に使えるフレーズを覚えましょう。

コンシェルジュと

ガン　ダイ　コー　ニャー　ハン　ゴン　ホン
Gần đây, có nhà hàng ngon không?

近くにおいしいレストランはありますか？

コー　ダイ　ア
Có đấy ạ.

はい、あります。

宿泊先の環境やサービス、周辺の情報を確認しておくと安心ですね。

コー　チョー　ナオ　ザット　クァン　アオ　ホン
例 Có chỗ nào giặt quần áo không?　洋服を洗える場所はありますか？

ある　　どこか　　洗う　　洋服　　〜か

コー　バン　ドー　フー　ヴック　スン　クァイン　ホン
Có bản đồ khu vực xung quanh không?

ある　地図　　領域　　周囲　　〜か

周辺の地図はありますか？

142

フレーズ1 朝食の時間を確認する

ゾー　ブア　サン　トゥー　ルック　マイ　ゾー　デン
Giờ bữa sáng từ lúc mấy giờ đến

マイ　ゾー
mấy giờ?

朝食は何時から何時までですか？

語彙 朝ご飯：bữa + sáng「朝」／昼ご飯：bữa + trua「昼」／晩ご飯：bữa + tối「晩」

フレーズ2 Wi-Fi が使えるか尋ねる

コー　ワイ　ファイ　ホン
Có Wi-Fi không?

Wi-Fiはありますか？

表現 Ở đây「ここ」... nhi「～ね」を付けると表現が柔らかくなります。
Ở đây có Wi-Fi không nhi?　ここに Wi-Fi はありますかね？

フレーズ3 苦情を伝えたいとき

フォン　ベン　カイン　オン　アオ　クァ
Phòng bên cạnh ồn ào quá.

隣室がうるさいのですが。

表現 ồn ào「うるさい」は騒音に対して使う言葉です。bên cạnh は「隣」。

フレーズ4 チェックアウトの時間を確認する

マイ　ゾー　ファイ　チャー　フォン　ニー
Mấy giờ phải trả phòng nhỉ?

チェックアウトは何時ですか？

表現 phải「～しなければならない」を入れて、「チェックアウトしなければならない時間を聞いている」というニュアンスをはっきりさせます。語尾に nhi「～ね」をつけると、柔らかい表現になります。

ステップ
4

旅行もビジネスもバッチリ！ 場面別定番フレーズ

143

宿泊を快適にするフレーズ

ホテルの部屋で快適に過ごすための表現を覚えましょう。

フロントに電話する

チョー　トイ　モッ　チェック　ハン　モイ
Cho tôi một chiếc khăn mới.

新しいタオルをください。

チー　チョー　モット　チュット　ア
Chị chờ một chút ạ.

少しお待ちください。

　旅行中は宿泊先で過ごす時間もいいものにしたいですよね。アメニティや設備について相談したいことがある場合に使えるフレーズを紹介します。

ハイ　チョー　トイ　バン　チャイ　ダイン　ザン　モイ
例 Hãy cho tôi bàn chải đánh răng mới.

(命令形)　ください　私に　　ブラシ　　　歯をみがく　　新しい

新しい歯ブラシをください。

ヌォック　チョン　ニャー　ヴェ　シン　ホン　チャイ
Nước trong nhà vệ sinh không chảy.

水　　　〜の中　　　トイレ　　　〜しない　流れる

トイレの水が流れません。

フレーズ**1**　ドライヤーを借りる

ラム　オン　チョー　トイ　ムオン　マイ　サイ　トック

Làm ơn cho tôi mượn máy sấy tóc.

ドライヤーを貸してください。

表現　〈Làm ơn「お願い」 + cho tôi mượn「私に貸してください」 + 名詞〉の形で、名詞を変えればそのままの文型で使えます。

フレーズ**2**　エアコンが故障しているとき

ディウ　ホア　　フォン　　トイ　ビ　ホン

Điều hòa phòng tôi bị hỏng.

エアコンが壊れています。

表現　phòng tôi「私の部屋」などの、場所も加えるとより伝わりやすくなります。

フレーズ**3**　お湯が出ないとき

フォン　　トイ　　ホン　　コー　ヌォック　　ノン

Phòng tôi không có nước nóng.

お湯が出ません。

プラスα　直訳で không ra は「出ません」ですが、không có「ありません」のほうが自然なニュアンスです。

フレーズ**4**　部屋のカギがかからないとき

クア　　フォン　　トイ　　ホン　　ホァー　　ドゥック

Cửa phòng tôi không khóa được.

カギがかかりません。

プラスα　cửa phòng tôi「私の部屋のドア」を付けると伝わりやすくなります。

文化　ベトナムのカギは差し込んだあと2周回してロックします。カンヌキが2段階伸びる仕組みになっているためです。

Mua sắm
買い物

63

Ở đây có bưu thiếp không?
オー ダイ コー ブー ティエップ ホン
ここに絵はがきはありますか？

may đo
マイ ドゥ
オーダーメイド

túi
トゥイ
バッグ

bưu thiếp
ブー ティエップ
絵ハガキ

ví
ヴィー
財布

gốm sứ
ゴム スー
陶器

dĩa
ディア
皿

146

147

第8課　店員との会話のフレーズ

買い物をするときに店員と交わす会話のフレーズを覚えましょう。

商品について尋ねる

オー　ダイ　コー　ブー　ティエップ　ホン
Ở đây có bưu thiếp không?

ここに絵はがきはありますか？

コー　ダイ　ア
Có đấy ạ.

ありますよ。

下の会話の赤字部分を入れ替えていろいろ使うことができます。

オー　ダイ　コー　フォン　ビー　ホン
例 **Ở đây có phong bì không?**　ここに封筒はありますか？
　　ここに　ある　封筒　　〜か

オー　ダイ　コー　テー　ナップ　ディエン　トアイ　ホン
Ở đây có thẻ nạp điện thoại không?
　ここに　ある　携帯電話のチャージカード　　〜か

ここに携帯電話のチャージカードはありますか？

148

フレーズ1 売っている場所を聞く

Nơi nào bán áo dài?
ノイ　ナオ　バン　アオ　ザイ

アオザイはどこに売っていますか？

表現 Nơi nào「どこで」bán「売る」... ？　という文型です。
（ノイ　ナオ）　　　　　（バン）
Ở đâu bán ...? も同じ意味です。語順は ... bán ở đâu? でも大丈夫です。
（オー　ダウ　バン）　　　　　　　　　（バン　オー　ダウ）

フレーズ2 試着してよいか尋ねる

Mặc thử được không?
マック　トゥー　ドゥック　ホン

試着できますか？

表現 mặc「着る」＋ thử「試す」で「試着する」になります。
（マック）　　　　（トゥー）

フレーズ3 商品を購入することを告げる

Cho tôi cái này.
チョー　トイ　カイ　ナイ

これをください。

プラスα Tôi mua cái này
トイ　ムア　カイ　ナイ
「これを買います」
でも伝えられます。

フレーズ4 押し売りされそうになったら

Tôi không cần.
トイ　ホン　カン

いりません（押し売り対策）。

プラスα Tôi không mua.
トイ　ホン　ムア
「買いません」でも
伝えられます。

ちょっと **ひと息**

押し売りには要注意！
　ベトナムは、観光地周辺を歩いていると、勝手に写真をとって代金を請求して
きたり、ココナッツの押し売りなどが結構ありますので、いらない場合は無視す
るか、きっぱりと「いりません」と断りましょう。その点、スーパーなら押し売
りがいることはありませんので安心して買い物ができます。

65

第9課 商品について聞くフレーズ

ベトナムではじめて目にする物もあるかもしれません。
商品について尋ねる言い方を見て見ましょう。

商品について店員と話す

コー マウ ハック ホン
Có màu khác không?

色違いはありますか？

コー マウ ドー
Có màu đỏ.

赤色があります。

めったに来られないからこそ、現地でのお買い物はハズしたくないですよね。
いろいろ聞いてみて、納得のいくショッピングを楽しみましょう。

トイ ダン ティム アオ フォン
例 **Tôi đang tìm áo phông.** Ｔシャツを探しています。
　　私　〜している　探す　Ｔシャツ

チョー トイ セム カイ ドー ドゥック ホン
Cho tôi xem cái đó được không? それを見せてもらって
　〜させる　私　見る　　それ　　できますか　　　　もいいですか？

150

フレーズ**1**　商品の使い方を聞く

カイ　ナイ　ズン　ニュー　テー　ナオ

Cái này dùng như thế nào?

これはどのように使いますか？

表現 như thế nào（ニュー　テー　ナオ）は「どのように／どうやって」という意味です。動詞が前に来ます。
Cái này ăn như thế nào ?（カイ　ナイ　アン　ニュー　テー　ナオ）　これはどのように食べますか？

フレーズ**2**　違うサイズがあるか聞く

コー　　コー　　ハック　　　　ホン

Có cỡ khác không?

サイズ違いはありますか？

表現 khác（ハック）は「違う」という意味で、〈名詞＋ khác（ハック）〉は「ほかの〜」というニュアンスになります。

プラスα cỡ（コー）は「サイズ」ですが、英語の size を使ってる人もいます。

フレーズ**3**　素材・材料について尋ねる

カイ　　ナイ　　ラム　　バン　　チャット　リェウ　ジー

Cái này làm bằng chất liệu gì?

これは何でできていますか？

表現 何でできているかを聞くときは、衣服なら chất liệu（チャット　リェウ）「素材」を、食べ物なら nguyên liệu（グエン　リェウ）「材料・原料」を使い分けることが多いです。

フレーズ**4**　洗濯機で洗えるか尋ねる

カイ　　ナイ　　コー　　テー　　ザット　　マイ　　　ホン

Cái này có thể giặt máy không?

洗濯機で洗えますか？

表現 「洗濯機」は máy giặt（マイ　ザット）ですが、動詞の「洗う」も giặt（ザット）なので、máy giặt（マイ　ザット）の giặt（ザット）を省略できます。例は「これは機械で洗えますか？」が直訳です。

文化 ベトナムでシルク等は有名な生地ですが、やさしく洗わないと傷んでしまうので買う前に店員に聞くか、洗濯表示マークを確認しましょう。

66

第10課 値段に関するフレーズ

ベトナムのお金はケタ数が多いのではじめは戸惑うかもしれません。

┌─ 値段について確認する ─┐

カイ ナイ ザー バオ ニュウ
Cái này giá bao nhiêu?

これはいくらですか？

モッ チャム ギン ドン
100.000 đồng.
(Một trăm nghìn)

10万ドンです。

　　ベトナムのお金はケタ数が多いですが、理解すると市場などで価格交渉ができ、買い物をより楽しむことができるでしょう。

例
00 (trăm) チャム	100 = một trăm モット チャム
000 (nghìn) ギン	5.000 = năm nghìn ナム ギン
000.000 (triệu) チェウ	2.000.000 = hai triệu ハイ チェウ

0 を数字の後に付けます。000 ごとにピリオド（.）で区切ります。

「ドン」は省略することが多く、また、街中では k という表記も見かけます。

例 20k（k = 1000）= 20.000 = 2万ドン

フレーズ1 安いものはないか聞く

Có cái rẻ hơn không?
コー　カイ　ゼー　ホン　　ホン

もっと安いものはありますか？

表現 形容詞 rẻ「安い」の後に hơn「〜のほう」を付けて比較を表します。

フレーズ2 値引きの交渉をする①

Giảm giá được không?
ザーム　　ザー　　ドゥック　　ホン

値引きできますか？

表現 〈giảm「下げる」＋ giá「値段」〉で giảm giá「値引き」となります。

プラスα được không? は「いいですか？」というニュアンスです。

フレーズ3 値引きの交渉をする②

Bớt cho tôi đi!
ボット　チョー　トイ　ディー

まけてください！

表現 Bớt ... đi は「安くしてくれ」という意味です。

フレーズ4 値引きの交渉をする③

Đắt quá!
ダット　クァー

高すぎます！

表現 quá は「〜すぎる」の意味です。ほかにも Rất đắt, đắt lắm で「とても〜」となります。

ちょっと ひと息

> **相場を知って値切り交渉を**
>
> 　ベトナムの市場などでは、価格表示をしていない商人がいるので値下げ交渉をしている場面が見られます。モノの相場をある程度把握してから交渉に臨むといいでしょう。

nón lá
ノン　ラー

ベトナム風すげ笠

gốm Bát Tràng
ゴム　バッ　チャン

バッチャン焼き

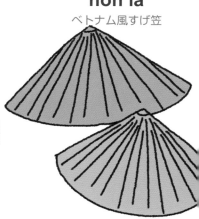

thêu
テウ

刺繡

dầu dừa
ザウ　ズア

ココナッツオイル

muối tiêu chanh
ムオイ　テェウ　チャイン

ライム塩コショウ

Cafe Việt Nam
カーフェー　ヴィエット　ナム

ベトナムコーヒー

quạt tre, quạt giấy
クアット　チェー　クアット　ザイ

竹と紙で作ったうちわ

154

オー ヴィエット ナム コー ザッ ニェウ ダック サン ノイ ティエン

Ở Việt Nam có rất nhiều đặc sản nổi tiếng.

ベトナムには有名な名産品がたくさんあります。

デン ロン
đèn lồng
ランタン

チャー ウオップ ボン セン
trà ướp bông sen
ハスの花に包まれたお茶

アオ ザイ
áo dài
アオザイ

ムー ボ ドイ
mũ bộ đội
昔の兵士がかぶっていた
緑色の帽子

ソン マイ
sơn mài
漆の小物

Tham quan
観光

68

トイ　チュップ　アイン　コー　ドゥック　ホン

Tôi chụp ảnh có được không?

写真を撮ってもいいですか？

マイ　アイン
máy ảnh
カメラ

ズー　ハイック
du khách
旅行者

トイ　コー　テー　ディー　バン　カイック　ナオ

Tôi có thể đi bằng cách nào?

どうやって行きますか？

157

案内所で使えるフレーズ

69

観光地を訪れたらまずは案内所をのぞいてみましょう。
旅行者向けの1日ツアーなどもあります。

観光案内所で

オー ダイ コー バン ドー ホン
Ở đây có bản đồ không?

ここに地図はありますか？

ヴァン コー ア
Vâng, có ạ.

はい、あります。

観光地巡りは旅の大きな目的の1つですね。場所や時間、料金などをしっかり把握して有意義な時間を過ごせるようにしましょう。

〈Có ＋ 名詞 ＋ không?〉は「〜がありますか」という意味になります。

コー トゥアー チョン ガイ ホン
例 Có tour trong ngày không? 1日ツアーはありますか？
ある ツアー 1日(中) 〜か

フレーズ1　場所について尋ねる

ニャー　トー　ロン　オー　ダゥ

Nhà thờ Lớn ở đâu?

大教会はどこですか？

表現　〈nhà thờ「教会」+ lớn「大」〉で「大教会」になります。

文化　ハノイの旧市街にある教会で、クリスチャンたちの祈りの場。周辺にはおしゃれな カフェや雑貨店が立ち並び、クリスマスシーズンにはイルミネーションで彩られる ため、デートスポットにもなっています。

フレーズ2　おすすめの観光地を聞く

トイ　ネン　ディー　ディエム　タム　クアン　ナオ

Tôi nên đi điểm tham quan nào?

おすすめの観光地はありますか？

表現　tham quan は「観光」です。「地」の直訳は nơi, đất「土地」ですが、ここでは「ス ポット」のニュアンスなので điểm が使われます。

フレーズ3　目的地までの時間を尋ねる

トゥー　ダイ　デン　ドー　マット　バオ　ラゥ

Từ đây đến đó mất bao lâu?

（ここから）そこまでどのくらいかかりますか？

表現　từ「場所」（から）đến「場所」（まで）mất bao lâu?「どのぐらい？」という文型です。 「〜から」を省略することが多く、目的地を伝えればよいです。

フレーズ4　入場券が必要か確認する

コー　カン　ムア　ヴェー　ヴァオ　クア　ホン

Có cần mua vé vào cửa không?

入場券を買う必要がありますか？

文化　観光地の入場券はほとんどの場合現金払いなので、事前に準備しましょう。

表現　〈có cần「必要がある」+ mua「買う」+ vé vào cửa「入場券」+ không?〉とい う構成です。

70

第12課 観光地で使えるフレーズ

観光を楽しむときに使ってみたい表現を見てみましょう。

観光地で

Tôi chụp ảnh có được không?
トイ　チュップ　アイン　コー　ドゥック　ホン

写真を撮ってもいいですか？

Được chú.
ドゥック　チュー

いいですよ。

〈Tôi + 動詞 + có được không?〉は「私は～をしてもいいですか？」という意味を表します。観光地にはたくさんの人がいますので、マナーを守ってトラブルのないようにしましょう。

例 **Tôi vào có được không?** 入ってもいいですか？
トイ　ヴァオ　コー　ドゥック　ホン
私　　入る　　　　できますか

160

フレーズ1 名物について聞く

Đặc sản ở đây là gì?
ダック　サン　オー　ダイ　ラー　ジー

こちらの名物はなんですか？

表現 đặc sản「名物」は食べ物に関する言葉です。

フレーズ2 チケットを購入する

Cho tôi một vé người lớn.
チョー　トイ　モット　ヴェー　グィ　ロン

大人（チケット）1枚お願いします。

プラスα 〈vé「チケット」＋ 大人／子ども〉の形で文を作ります。子どものチケットなら vé trẻ con です。

フレーズ3 いっしょに回っている人に向かって

Nghỉ một chút đi.
ギー　モット　チュット　ディー

少し休憩しましょう。

表現 〈動詞 … đi〉の形は「～しなさい」という命令だけではなく、「～しましょう」というニュアンスとしても使えます。

フレーズ4 触ってもいいか確認する

Có được sờ không?
コー　ドゥック　ソー　ホン

触ってもいいですか？

文化 ハノイの観光地は宗教に関する所や政府の施設など、厳粛な所も多いので、確認しながら楽しく観光しましょう。

ちょっとひと息

カントーの水上マーケット
　ホーチミン市の南部、メコン川沿いの水の都カントーでは、毎朝6時から水上マーケットが開かれています。野菜や果物のほか、食べ物や飲み物を売っている船もあります。船上での朝食付きの観光客向けのツアーなどで、異国情緒を楽しんでみるのも一興です。

ステップ **4** 旅行もビジネスもバッチリ！ 場面別定番フレーズ

交通手段を聞くフレーズ

観光地を訪れるための交通手段について
聞くフレーズを覚えましょう。

交通の手段を確認する

トイ　コー　テー　ディー　バン　カィック　ナオ
Tôi có thể đi bằng cách nào?

どうやって行きますか？

エム　コー　テー　ディー　バン　セー　ブイット
Em có thể đi bằng xe buýt.

バスで行けます。

　交通手段を尋ねるときは、〈Tôi「私」+ có thể「できる」+ đi「行く」+ bằng cách nào「どうやって？」〉の文型を使います。旅行に移動はつきものなので、このフレーズが使えると便利ですね。

　トイ　コー　テー　ディー　フォー　コー　バン　カイック　ナオ
例 **Tôi có thể đi phố cổ bằng cách nào?**

私　　　できる　行く　旧市街　〜(の手段)で　どうやって

どうやって旧市街に行きますか？

フレーズ1 バス停の場所を尋ねる

_{ベン　セー　ブイット　オー　ダゥ}

Bến xe buýt ở đâu?

バス停はどこですか？

プラスα Bến は「停」という意味をもち、Bến+ tàu「船」＝「船着場」などでも使います。

フレーズ2 降車したい場所を伝える

_{ハイ　スオン　オー　チュック　ガー}

Hãy xuống ở trước ga.

駅の前で降りてください。

表現 〈xuống ở+「場所」〉は「〜で降りる」という形で使います。

語彙 trước ga は「駅の前」／ sau ga は「駅の後ろ（裏側）」（場所は〈位置を表す言葉＋名詞〉で表します）。

フレーズ3 乗り換えについて

_{サウ　ドー　ハイ　レン　セー　ブイット　ソー　チン}

Sau đó, hãy lên xe buýt số 9.

その後、9番のバスに乗ってください。

プラスα xe buýt số ... は「〜番のバス」の言い方です。ベトナムバスのルートは番号で表示されていますので、乗る前に確認しましょう。

フレーズ4 距離について確認する

_{トゥー　ガー　ハ　ノイ　コー　ガン　ホン}

Từ ga Hà Nội có gần không?

ハノイ駅から近いですか？

文化 ハノイには「ハノイ駅」と「ジアラム駅」がありますが、ほとんどの路線はハノイ駅が始発になっています。

表現 形容詞 gần は「近い」という意味です。〈Từ「〜から」＋（場所の名詞）＋ gần〉という文型です。

ステップ **4** 旅行もビジネスもバッチリ！ 場面別定番フレーズ

163

ベトナムの観光地

72

Văn Miếu
文廟

Phố cổ
旧市街

Phố đi bộ Hồ Gươm
ホアンキエム湖周辺の歩行者天国

Lăng Chủ tịch Hồ Chí Minh
ホーチミン廟

Nhà Thờ Lớn
大教会

Tràng An_Ninh Bình
チャンアン名勝・遺跡群

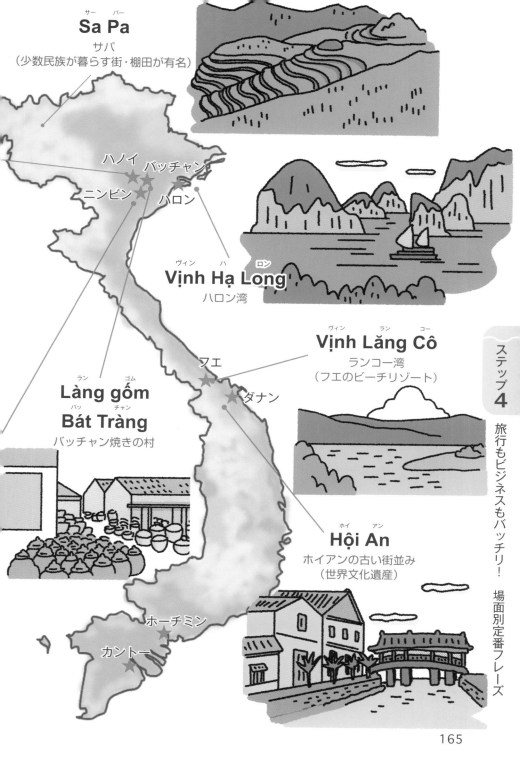

Sa Pa
（サー　バー）

サパ
（少数民族が暮らす街・棚田が有名）

ハノイ　バッチャン
ニンビン　ハロン

Vịnh Hạ Long
（ヴィン　ハ　ロン）

ハロン湾

Vịnh Lăng Cô
（ヴィン　ラン　コー）

ランコー湾
（フエのビーチリゾート）

フエ

Làng gốm
（ラン　ゴム）
Bát Tràng
（バッ　チャン）

バッチャン焼きの村

ダナン

Hội An
（ホイ　アン）

ホイアンの古い街並み
（世界文化遺産）

ホーチミン

カントー

ステップ**4**　旅行もビジネスもバッチリ！　場面別定番フレーズ

Bữa ăn
食事

73

チョー　トイ　セム　トゥック　ドン
Cho tôi xem thực đơn.
メニューを見せてもらえますか。

グィ　フック　ヴ
người phục vụ
ウエイター・ウエイトレス

トゥック　ドン
thực đơn
メニュー

MENU

ティア
dĩa
皿

トゥオン　オット
tương ớt
チリソース

ドゥアー
đũa
箸

ティア
thìa
スプーン

ムオイ
muối
塩

ジア
dĩa
フォーク

ザオ
dao
ナイフ

ハン　ザイ　アン
khăn / giấy ăn
ナプキン

166

Chị có uống rượu không?
チ　コー　ウォン　ゾウ　ホン

お酒を飲みますか？

ly
リー
グラス

rượu trắng
ゾウ　チャン
焼酎

bia
ビア
ビール

rượu vang
ゾウ　ヴァン
ワイン

Cho tôi cà phê nóng.
チョー　トイ　カー　フェー　ノン

ホットコーヒーをください。

cà phê
カ　フェー
コーヒー

đường
ドゥオン
砂糖

sữa
スア
ミルク

cốc
コック
カップ

hóa đơn
ホア　ドン
伝票

ステップ 4

旅行もビジネスもバッチリ！　場面別定番フレーズ

167

74

第14課 注文に関するフレーズ

レストランやカフェで注文するときのフレーズを覚えましょう。

┌─ レストランで注文する ─┐

チョー トイ セム トゥック ドン
Cho tôi xem thực đơn.

メニューを見せてもらえますか。

ヴァン ダイ ア
Vâng, đây ạ.

はい、こちらです。

チョー トイ セム
〈Cho tôi xem ＋名詞〉は「〜を見せてください。」という意味です。メニューの内容がわかりにくかったら、この言葉を使ってみてもいいかもしれません。

チョー トイ モン ドゥック ウア ティック ニャット オー ダイ
例 Cho tôi món được ưa thích nhất ở đây.

ください 私 料理 好まれている 最も ここで

一番人気のある料理をください。

チョー トイ モン ゾン ヴォイ モン キア
Cho tôi món giống với món kia. あれと同じものをくだ

ください 私 料理 同じ 〜と 料理 あれ さい。

168

フレーズ1 苦手な食べ物を伝える①

ドゥン　チョー　ザウ　ムイ
Đừng cho rau mùi.

パクチーは入れないでください。

プラスα Đừng cho ... で、「〜は入れないでください」となります。Đừng cho hành.（ネギ）
など、苦手な食べ物を Đừng cho の後に付ければ OK です。ベトナムの食べ物はネ
ギとパクチーが入ってるものが多いので、苦手なら先に伝えましょう。

フレーズ2 苦手な食べ物を伝える②

トイ　ホン　アン　ドゥック　ハイン
Tôi không ăn được hành.

ネギは食べられません。

表現 苦手な料理を主張するときに使います。

フレーズ3 料理について尋ねる

モン　ナイ　ラー　モン　ジー
Món này là món gì?

これはなんという料理ですか？

表現 返答するときは料理名だけを言います。料理を紹介するときは〈món ＋（料理名）〉
で món canh「スープ料理」/ món xào「炒め料理」/ món luộc「ゆで料理」など
と言います。

フレーズ4 テイクアウトできるか聞く

マン　ヴェー　ドゥック　ホン
Mang về được không?

持ち帰れますか？

プラスα mang「持つ」+về「帰る」の組み合わせです。レストランで食べきれなかった場
合にも使えます。

レストランで使うフレーズ

75

食事をしたり、お酒を飲むときによく使う
フレーズを見てみましょう。

レストランで

コー
Có.

はい（飲みます）。

チ　コー　ウォン　ゾウ　ホン
Chị có uống rượu không?

お酒を飲みますか？

〈主語＋ có ＋動詞 không?〉は「あなたは〜をしますか？」という確認文で使います。

コー
ホン

例 **Bạn có ăn rau mùi không?** あなたはパクチーを食べますか？

バン　コー　アン　ザウ　ムイ　ホン
あなた 〜ますか 食べる パクチー 〜ますか

Bạn có ăn cay không? あなたは辛い物を食べますか？

バン　コー　アン　カイ　ホン
あなた 〜ますか 食べる 辛い 〜ますか

170

フット　トゥック　ラー　コー　ドゥック　　ホン
Hút thuốc lá có được không?

タバコを吸ってもいいですか？

プラスα タバコを吸ってよい場所で灰皿がないときは、Có gạt tàn không?「灰皿はありますか？」と聞きます。

フレーズ **2** 頼んだものと違うものが来たとき

ニャム　ゾイ　トイ　　ホン　ゴイ　モン　ナイ
Nhầm rồi. Tôi không gọi món này.

違います。この料理は注文していません。

表現 không（否定）+gọi「注文」+món「料理」+này「これ」→ không gọi món này「この料理を注文していない」です。
飲み物に対しては không gọi cái này「これを注文しない」または、không gọi ＋飲み物の名前（bia など）「（ビールを）注文していない」となります。

フレーズ **3** 乾杯の音頭

チュック　スック　ホエ
Chúc sức khỏe!

乾杯！

表現 直訳すると「健康に幸あれ！」という意味です。「一気飲みは」Một trăm phần trăm. と言います。これは「100%」という意味です。

文化 仲間同士では「1, 2, 3, zô!」（モッ ハイ バー ゾー！）という掛け声もよく使われます。

フレーズ **4** 会計をお願いする

チョー　トイ　タイン　トアン
Cho tôi thanh toán.

会計をお願いします。

文化 ベトナムでは、仲間同士の食事の会計は年配者がおごることが多く、若年層は割り勘の場合が多いです。

カフェなどで使うフレーズ 76

カフェでコーヒーなどをオーダーするときの表現を覚えましょう。

カフェで注文する

Cho tôi cà phê nóng.
チョー　トイ　カー　フェー　ノン

ホットコーヒーをください。

Chị có thêm đường không?
チ　コー　テム　ドゥオン　ホン

砂糖を追加しますか？

〈Cho tôi + 名詞〉は「〜をください」という意味を表します。
チョー トイ

例 **Cho tôi cà phê nóng.**　ホットコーヒーをください。
チョー　トイ　カー　フェー　ノン
ください　私　コーヒー　温かい

〈Có thêm + 名詞 + không?〉は「〜を追加しますか？」という意味です。
コー テム ホン

例 **Có thêm đá không?**　氷を追加しますか？
コー　テム　ダー　ホン
ある　加える　氷　〜か

172

フレーズ1 砂糖やミルクについて

シン　ドゥン　チョー　ドゥオン　ヴァー　スァ
Xin đừng cho đường và sữa.

砂糖とミルクは入れないでください。

表現 cho は「入れる」の意味もあります。

フレーズ2 サイズに関する表現

チョー　トイ　コック　ベー　ドゥック　　　　ホン
Cho tôi cốc bé được không?

小さいのをいただけますか？

表現 cốc「カップ」＋ bé「小さい」で「小さなサイズ」の意味になります。

フレーズ3 空いている席に座ってよいか聞く

トイ　ゴイ　チョー　ナイ　ドゥック　　　ホン
Tôi ngồi chỗ này được không?

この席に座ってもいいですか？

表現 ngồi は「座る」という意味です。店員やほかの利用客に確認するときに使います。

プラスα Tôi ngồi đây được không? 「ここに座ってもいいですか？」でも OK です。

フレーズ4 商品について尋ねる

オー　ダイ　コー　カー　フェー　フィン　　　ホン
Ở đây có cà phê phin không?

ここにフィルターコーヒーはありますか？

文化 ベトナム式のフィルターを使ったドリップコーヒーは男性に人気があります。ゆっくりした時間とともにコクのあるコーヒーを楽しみます。

ちょっと**ひと息**

コーヒーの注文のしかた
コーヒーを注文するときは Cà phê đen nóng.（ホットコーヒー、ブラックで）、アイスコーヒーは Cà phê đá. です。あえてベトナムコーヒーを頼みたいときは Cà phê sữa nóng. とハッキリ伝えましょう。

代表的なベトナム料理

phở
フォー

フォー

bánh mỳ
バイン　ミー

バインミー

phở gà
フォー　ガー

鶏肉入りフォー

phở bò
フォー　ボー

牛肉入りフォー

bún
ブン

ビーフン

bún bò Huế
ブン　ボー　フエー

フエ名物のビーフン

bún chả
ブン　チャー

豚肉入りつけ麺

nem rán _{ネム ザン} (北部)
/ chả giò _{チャー ゾウ} (南部)
揚げ春巻き

Xin mời hãy thưởng thức.
_{シン モイ ハイ トゥオン トゥック}

どうぞお楽しみください。

gỏi cuốn _{ゴイ クォン}
生春巻き

lẩu hải sản _{ラウ ハイ サン}
海鮮鍋

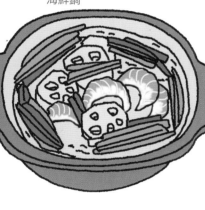

xôi _{ソイ}
おこわ

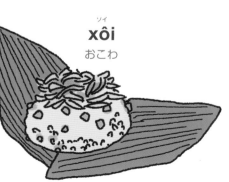

bánh xèo _{バイン セオ}
ベトナム風お好み焼き

Rắc rối
トラブル

78

シン　ロイ　チョー　トイ　ホーイ　　ブー　ディエン　オー　ダゥ　ア
Xin lỗi cho tôi hỏi, bưu điện ở đâu ạ?

すみません、郵便局はどこですか？

バン　ドー
bản đồ
地図

ザー　トゥー
ngã tư
交差点

セー　キュー　トゥオン
xe cứu thương
救急車

ペイン　ヴィエン
bệnh viện
病院

ヒエウ　トゥホック
hiệu thuốc
薬局

176

道に迷ったときのフレーズ

79

迷子になってしまったとき、道を尋ねるフレーズを
覚えておきましょう。

道を尋ねる

シン　ロイ　チョー　トイ　ホーイ　　ブー　　ディエン　オー　ダウ　ア
Xin lỗi cho tôi hỏi, bưu điện ở đâu ạ?

すみません、郵便局はどこですか？

ノー　オー　ベン　チャイ　ガー　トゥー　キア
Nó ở bên trái ngã tư kia.

あの交差点の左にあります。

シン　ロイ　チョー　トイ　ホーイ
Xin lỗi cho tôi hỏi, （場所）ở đâu? は「すみません、〜はどこですか？」とい
う意味です。

シン　ロイ　チョー　トイ　ホーイ　ノイ　ナイ　オー　ダウ　ア
例 **Xin lỗi cho tôi hỏi, nơi này ở đâu ạ?**

すみません　　　お尋ねします　　　　ここは　　　　どこ　　（丁寧形）

すみません、ここ（この場所）はどこですか？

「方向を表す言葉＋場所」という形で道を案内します。

ダン　サウ　ガン　ハン
例 **Đằng sau ngân hàng.**　　　銀行の後ろです。

後ろ　　　　　　　銀行

178

フレーズ1　迷っていることを伝える

Tôi bị lạc đường.
トイ　ビ　ラック　ドゥオン

道に迷いました。

プラスα 道に迷ったときは、Tôi muốn đến（通りの名前）＝「〜通りへ行きたい」と尋ね
トイ ムオン デン
てみましょう。通りの名前は đường ＋ 名詞や、phố ＋ 名詞で表します。
ドゥオン　　　　　　　　　　フォー

フレーズ2　バス停について聞く

Bến xe buýt gần nhất ở đâu ạ?
ベン　セー　ブィット　ガン　ニャット　オー　ダゥ　ア

いちばん近いバス停はどこにありますか？

表現 gần nhất「いちばん近い」の代わりに形容詞 gần「近い」＋ hơn「〜のほう」でも
ガン ニャット　　　　　　　　　　　　　　　　　　ガン　　　　　　　　ホン
表せます。

フレーズ3　行きたい場所を伝える

Tôi muốn đi sân bay.
トイ　　ムオン　　ディー　サン　　バイ

空港へ行きたいです。

プラスα Cho tôi đến sân bay.
チョー トイ デン サン バイ

「空港に行かせてください。」という言い方もできます。

フレーズ4　距離について尋ねる

Có gần không?
コー　ガン　　ホン

近いですか？

表現 形容詞 gần「近い」
ガン
の反対語は xa「遠い」
サー
です。

ちょっと **ひと息**

┌─────────────────────────────────────
ベトナムでは煉瓦造りの建物が多い
　急成長を続けているベトナムは、あちこちで家や商業施設を建てています。また、そこに目を向ければ、「煉瓦」を使って建てている場合がほとんどです。ベトナムでは地震が少ないので、煉瓦造りでも倒壊の恐れが少ないのでしょうか。
└─────────────────────────────────────

ステップ**4** 旅行もビジネスもバッチリ！ 場面別定番フレーズ

トラブル発生時のフレーズ

80

外国でトラブルにあうと動揺してしまいますが、
使えるフレーズを覚えておきましょう。

助けてほしいとき

キュー　トイ　ヴォイ
Cứu tôi với!
助けて！

アイン　ラム　サオ　テー
Anh làm sao thế?
どうしましたか？

〈動詞　〜＋ với〉は感嘆文で、「お願いする」という意味になります。動詞の後に、主語（人称代名詞）か目的語を付けます。

ズップ　　チー　　ヴォイ
例 Giúp chị với.　　　　　　　　手伝って。
　　助ける　　私　　〜を

チョー　トイ　ディー　チョイ　ヴォイ
Cho tôi đi chơi với.　　　　　一緒に遊びに行かせて。
〜させる　私　行く　遊びに　〜と（一緒に）

トイ　ラム　ゾイ　ヴィー　ゾイ
Tôi làm rơi ví rồi.

財布を落としてしまいました。

プラスα rồi は「した」というニュアンスを強調します。〈動詞 ＋ rồi〉という形で、いろいろな場合に応用できます。

語彙 ví は「財布」で、ví tiền とも言います。

フレーズ**2** 盗難にあったとき

トイ　ビ　マット　カップ　ホー　チェウ
Tôi bị mất cắp hộ chiếu.

パスポートを取られました。

表現 mất cắp（または mất trộm）は「盗まれる」の意味をもっています。〈mất ＋ 名詞〉で「〜が失われる」という意味になります。

語彙 mất tiền「お金が失われる」／ mất việc「仕事が失われる」／ mất nhà「家が失われる」

フレーズ**3** 警察を呼んでほしいとき

ラム　オン　ゴイ　コン　アン
Làm ơn gọi công an.

警察に通報してください。

プラスα 「警察」は công an のほか、cảnh sát とも言います。また、gọi「呼ぶ」のほか、báo「通報」も使えます。

フレーズ**4** 救急車を呼んでほしいとき

ハイ　ゴイ　セー　カップ　キュー
Hãy gọi xe cấp cứu.

救急車を呼んでください。

文化 救急車を呼ぶときは、「115」番です。現場に向かう救急車はサイレンを鳴らしているので、道を譲りましょう。

語彙 「救急車」は xe cứu thương とも言います。

ステップ**4** 旅行もビジネスもバッチリ！ 場面別定番フレーズ

181

病院で使えるフレーズ

81

体調不良の際に、病院で使えるフレーズを見てみましょう。

病院で

チ　コー　ビ　ダウ　　ホン
Chị có bị đau không?

どこか痛みがありますか？

トイ　ビ　ダウ　ダウ
Tôi bị đau đầu.

頭が痛いです。

「〜が痛い」と言いたいときは、〈bị đau ＋体の部位〉で表します。
ビ　ダウ

トイ　ビ　ダウ　ブン
例 Tôi bị đau bụng.　おなかが痛いです。
　　私　〜が痛い　おなか

トイ　ビ　ダウ　ホン
Tôi bị đau họng.　のどが痛いです。
　　私　〜が痛い　のど

フレーズ1 体調について伝える①

Tôi bị ốm.
（トイ　ビ　オム）

具合（体調）が悪いです。

表現 〈bị + 体の状態（「病気」= ốm、「疲れ」= mệt など）〉で表します。

フレーズ2 体調について伝える②

Tôi bị cảm.
（トイ　ビ　カーム）

風邪をひきました。

語彙 cúm / cảm =「風邪」/ ho =「せき」/sốt =「熱」

フレーズ3 医師から聞かれること

Uống thuốc chưa?
（ウォン　トゥオック　チュア）

薬を飲みましたか？

表現 〈動詞 + 目的語 + chưa?〉は「もう〜しましたか?」という意味です。

フレーズ4 英語を話せる医師を探す

Có bác sĩ nói được tiếng Anh không?
（コー　バック　シー　ノイ　ドゥォック　ティエン　アイン　ホン）

英語を話せる医師はいますか？

語彙 〈tiếng + 国名〉は「〜語」という意味です。

ちょっとひと息

国家病院より市民病院

　ベトナムの国家病院の医師は基本的に現地の言葉を使います。軽い症状であれば英語で話せる医師や通訳者のいる市民病院のほうが楽なこともあります。

　ハノイやホーチミンなどの大都市であれば、日本語の通じるスタッフがいる病院もいくつかありますが、地方の都市では期待できません。

82

đầu
頭

tóc
髪

mũi
鼻

mắt
目

tai
耳

răng
歯

mồm
口

họng
のど

cổ
首

sốt 熱がある	**ho** せきが出る	**chảy nước mũi** 鼻水が出る
tiêu chảy 下痢をしている	**chóng mặt** めまいがする	**bị thương** ケガをする

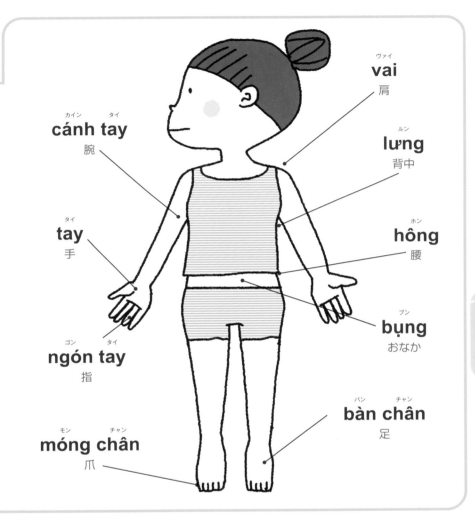

vai
ヴァイ
肩

cánh tay
カイン タイ
腕

lưng
ルン
背中

tay
タイ
手

hông
ホン
腰

bụng
ブン
おなか

ngón tay
ゴン タイ
指

bàn chân
バン チャン
足

móng chân
モン チャン
爪

buồn nôn ブオン ノン 吐き気がする	**thiếu máu** ティエウ マウ 貧血	**chảy máu cam** チャイ マウ カム 鼻血がでる
gãy xương ガイ スオン 骨折する	**trật khớp** チャット ホップ ねんざする	**bị bỏng** ビ ボン やけどする

185

Khách hàng có hài lòng không?
ハイック　ハン　コー　ハイ　ロン　ホン

お客様は満足していますか？

cuộc họp
クオック　ホップ
会議

máy in
マイ　イン
プリンター

máy phô tô
マイ　フォー　トー
コピー機

máy fax
マイ　ファックス
ファックス機

văn phòng
ヴァン　フォン
オフィス

ステップ **4**

旅行もビジネスもバッチリ！　場面別定番フレーズ

第20課 オフィスで使えるフレーズ

ビジネスのシーンで使われる表現を見てみましょう。

会社で

マイ　ゾー　コー　クオック　ホップ
Mấy giờ có cuộc họp?

会議は何時ですか？

ムオイ　ゾー　バット　ダウ
Mười giờ bắt đầu.

10時から始まります。

〈Mấy giờ có + 名詞の形〉は「何時に〜がありますか？」という意味です。

マイ　ゾー　コー　ス　キエン
例 **Mấy giờ có sự kiện?**　　イベントは何時ですか？
何時　　ある　イベント

マイ　ゾー　コー　ヘン　ヴォイ　ドイ　タック
Mấy giờ có hẹn với đối tác?　パートナーとの打ち合わせ
何時　　ある　約束　〜と　パートナー　　は何時ですか？

フレーズ**1**　会議の準備

<ruby>Tôi<rt>トイ</rt></ruby> <ruby>chưa<rt>チュア</rt></ruby> <ruby>chuẩn bị<rt>チュアン ビ</rt></ruby> <ruby>tài<rt>タイ</rt></ruby> <ruby>liệu<rt>リェウ</rt></ruby>.

Tôi chưa chuẩn bị tài liệu.

資料をまだ用意していません。

表現　〈chưa + 動詞 + 目的語〉という形で、「まだ〜していません」という意味です。

フレーズ**2**　期限について確認する①

<ruby>Bao<rt>バオ</rt></ruby> <ruby>giờ<rt>ゾー</rt></ruby> <ruby>làm<rt>ラム</rt></ruby> <ruby>xong<rt>ソン</rt></ruby>?

Bao giờ làm xong?

いつまでにでき上がりますか？

表現　〈Bao giờ + 動詞〉という形で、Khi nào と同じく「いつ〜をします」という意味です。

語彙　ăn xong「食べ終わった」／ học xong「勉強が終わった」／ chơi xong「遊び終わった」

フレーズ**3**　期限について確認する②

<ruby>Nhớ<rt>ニョー</rt></ruby> <ruby>đúng<rt>ドゥン</rt></ruby> <ruby>hạn<rt>ハン</rt></ruby> <ruby>nhé<rt>ニェー</rt></ruby>.

Nhớ đúng hạn nhé.

期限を守ってくださいね。

表現　〈Nhớ + 動詞 ... 〉は「〜を覚えていてください」という表現です。Nhớ đúng hạn nhé. を直訳すると、「期限を覚えていてね」となります。

フレーズ**4**　メールの送付をお願いする

<ruby>Hãy<rt>ハイ</rt></ruby> <ruby>gửi<rt>グーイ</rt></ruby> <ruby>file<rt>ファイル</rt></ruby> <ruby>qua<rt>クァー</rt></ruby> <ruby>email<rt>イーメイル</rt></ruby> <ruby>cho<rt>チョー</rt></ruby> <ruby>tôi<rt>トイ</rt></ruby>.

Hãy gửi file qua email cho tôi.

eメールでファイルを送ってください。

表現　Gửi file qua email. は「〜を通し、〜を送る」というニュアンスです。

プラスα　ビジネス面では、多くの単語が英語そのままで使われることがあります。file, email, deadline, dear, hi, thanks, copy などがそうです。

第21課 会議で使えるフレーズ

商品の品質などについて確認するフレーズを覚えておきましょう。

顧客の反応を確認する

Khách hàng có hài lòng không?
ハイック　ハン　コー　ハイ　ロン　ホン

お客様は満足していますか？

Không hài lòng lắm.
ホン　ハイ　ロン　ラム

あまり満足していません。

khách hàng は「お客様」、hài lòng は「満足する」という意味です。
〈主語 + có 感情を表す形容詞 + không?〉は感想を聞くために使います。

例 Cô ấy có vui không?　彼女は喜んでいますか？
コー　アイ　コー　ヴイ　ホン
彼女　〜か　喜ぶ　〜か

190

フレーズ**1** 問題があるか確認する

コー ヴァン デー ジー
Có vấn đề gì?

何か問題がありますか？

プラスα vấn đề は「問題」という意味です。ほかに Vấn đề cụ thể là gì? という表現もあり、直訳すると「具体的な問題は何ですか？」となります。

フレーズ**2** 顧客に意見を求める

アイン チー タイ テー ナオ
Anh / Chị thấy thế nào?

あなたはどう思いますか？

表現 お客様の意見を聞くときに使います。thấy thế nào? は商品、サービスについて意見を聞くだけではなく、体の状態、物事の感想等を聞くときにも使えます。

フレーズ**3** 品質に問題があるとき

チャット ルオン ホン トット
Chất lượng không tốt.

品質が悪いです。

表現 không tốt は「〜が悪い」の意味ですが、「〜がよくない」というニュアンスで使われます。

フレーズ**4** クレームへの対応

カップ チェン ダー シン ロイ ゾイ
Cấp trên đã xin lỗi rồi.

上司が謝罪しました。

語彙 謝罪の度合いにより、Thành thật xin lỗi.「本当にごめんなさい」／Chân thành xin lỗi.「誠に申し訳ありません」と、程度を表す語を前に追加します。

ステップ**4** 旅行もビジネスもバッチリ！ 場面別定番フレーズ

191

郵便・通信

86

bưu điện

郵便局

チョー　トイ　グーイ　ビュー　キエン
Cho tôi gửi bưu kiện.

小包を送らせてください。

テム
tem

切手

ビュー　キエン
bưu kiện

小包

テ
thẻ

カード

ビュー　ティエップ
bưu thiếp

ハガキ

ホム　トゥー
hòm-thư

ポスト

第22課 郵便に関するフレーズ

郵便局から荷物などを送るときの表現を見てみましょう。

郵便局で

チョー　トイ　グーイ　ビュー　キエン
Cho tôi gửi bưu kiện.

小包を送らせてください。

チ　グーイ　デン　ダゥ　ア
Chị gửi đến đâu ạ?

どこまで送りますか？

チョー　トイ　グーイ　　デン
Cho tôi gửi ～ đến ... は「... へ ～ を送らせてください」という形で郵便などで配達をお願いするときに使います。

チョー　トイ　グーイ　タイ　リェウ
例 Cho tôi gửi tài liệu. 　資料を送らせてください。
～させる　私　送る　　資料

194

フレーズ **1** 送料について尋ねる

_{グーイ デン ビュー ディエン ダー ナン バオ ニュウ ティエン}
Gửi đến bưu điện Đà Nẵng bao nhiêu tiền?

ダナン郵便局までいくらですか？

表現 _{グーイ デン バオ ニュウ ティエン} Gửi đến ... bao nhiêu tiền は「〜まで送ると、いくらですか」という形で、輸送料金を聞くときに使います。

フレーズ **2** 重さを伝える

_{カイ ナイ ナン ホアン ハイ キログラム}
Cái này nặng khoảng 2 kg.

これの重さは2Kgぐらいです。

プラスα _{ナン} nặngは「重さ」の意味ですが、kg が付いたら、抜いてもかまいません。kgの代わりに、_{カン} cân という言葉も使われます。

フレーズ **3** 記入の仕方について尋ねる

_{ディエン ディア チー グィ ニャン ヴァオ}
Điền địa chỉ người nhận vào

_{ダイ ファイ ホン}
đây phải không?

受取人の住所はここに記入しますか？

語彙 _{ディア チー グィ グィ} địa chỉ người gửi　送り先の住所／_{ディア チー ニャー ジエン} địa chỉ nhà riêng　自宅の住所
／_{ディア チー コー クアン} địa chỉ cơ quan　通勤先の住所

フレーズ **4** 送付にかかる日数について確認する

_{マイ ガイ トイ ノーイ}
Mấy ngày tới nơi?

何日で届きますか？

文化 ベトナムの郵便は、配達場所によりますが基本的に 1 日以上かかります。コンビニの郵便サービスはありません。直接郵便局に持って行くか、郵便局以外の配達サービス会社に依頼します。すぐ届けたい場合は Grab などの配達アプリを利用します。

ステップ **4** 旅行もビジネスもバッチリ！ 場面別定番フレーズ

ネットに関するフレーズ ⑧⑧

ベトナムでもインターネットは生活に浸透しています。
よく使われる表現を覚えておきましょう。

インターネットに関する表現

オー ダイ コー ワイ ファイ ホン
Ở đây có Wi-Fi không?

ここにWi-Fiはありますか？

コー
Có.

はい。

オー ダイ コー ホン
Ở đây có ... không? は名詞を入れ替えるといろいろな場合に応用できます。

例 オー ダイ コー オー カーム ホン
Ở đây có ổ cắm không? ここにコンセントはありますか？
　　　　ここに　ある　コンセント　　〜か

オー ダイ コー ザイ サック ディエン トアイ ホン
Ở đây có dây sạc điện thoại không?
　　ここに　ある　充電ケーブル　　電話　　　〜か

ここに電話の充電ケーブルがありますか？

フレーズ **1** Wi-Fi のパスワードを聞く

マット　ハウ　ワイ　ファイ　オー　ダイ　ラー　ジー
Mật khẩu Wi-Fi ở đây là gì?

ここのWi-Fiのパスワードは何ですか？

プラスα mật khẩu は「パスワード」という意味ですが、若年層は英語の password を省略して pass と言う人が多いです。

フレーズ **2** 接続状況を確認する①

ホン　ケット　ノーイ　ドゥック
Không kết nối được.

アクセスできません。

表現 Không ... được. という形は可能性を否定する意味合いを表します。

フレーズ **3** 接続状況を確認する②

マン　チャム　クァー
Mạng chậm quá!

インターネットが遅いね！

プラスα インターネットは mạng と言います。英語の Internet を使う人もいます。

表現 chậm「遅い」は人や物事の速度を表す言葉です。

フレーズ **4** ベトナムのモバイルサイトについて

ホン　ズン　ドゥック　ザロ
Không dùng được Zalo.

Zaloがつながりません。

文化 Zalo はベトナムの企業が開発したモバイルメッセージアプリで、ベトナムでは多くの人が使っています。現地の人と仲よくなりたい人はインストールしておくとよい出会いがあるかもしれません。

ステップ **4**

旅行もビジネスもバッチリ！　場面別定番フレーズ

197

ベトナム語でメールを送る

●個人用のメールの文例

マイ　オーイ　チー　コー　ハイ　ヴェー ディー　セム　　フィム　　ミエン
Mai ơi, chị có hai vé đi xem phim miễn
フィー　ヴァオ　ガイ　　マイ
phí vào ngày mai.
エム　コー　ザイン　　　ホン　　　　ミン　ディー アン　トイ
Em có rảnh không? Mình đi ăn tối
ソン　ディー　セム
xong đi xem.

マイさん、映画の無料チケットを２枚持っているけど、
明日の都合はどう？
　よかったら夕食をすませてから行こうかなと思います。

198

●ビジネス用のメールの文例

エム　チャオ　アイン　フイ
Em chào anh Huy,

エム　ラー　ナム　　コン　ティー
Em là Nam, công ty ABC.

カム　オン　アイン　ダー　ルオン　ズップ　ドー　コン　ティー　エム
Cảm ơn anh đã luôn giúp đỡ công ty em.

リエン　クアン　デン　ヴァン　デー　　　　エム　ムオン　ガップ　チャオ　ドーイ
Liên quan đến vấn đề xyz, em muốn gặp trao đổi

チュック　ティエップ　ヴォイ　アイン　　チョン　トゥアン　サウ　ホアック　トゥアン　サウ
trực tiếp với anh. Trong tuần sau hoặc tuần sau

ヌア　アイン　コー　テー　サップ　セップ　トイ　ザン　　ホン　ア
nữa, anh có thể sắp xếp thời gian không ạ?

エム　ザット　モン　ニャン　ドゥック　ファン　ホーイ　ソーム　トゥー　アイン
Em rất mong nhận được phản hồi sớm từ anh.

エム　カム　オン　ア
Em cảm ơn ạ.

フイ様

ABC 社のナムでございます。
いつもお世話になっております。

xyz の問題について、直接お話ししたいと思っておりますが、
来週か再来週で打ち合わせ時間を調整して頂けませんか？

ご返事をお待ちしております。
よろしくお願いいたします。

朝起きてから寝るまでの表現

朝

thức dậy
<small>トゥック ザイ</small>
起きる

dậy muộn
<small>ザイ ムォン</small>
寝坊する

đánh răng
<small>ダイン ザン</small>
歯を磨く

chải đầu
<small>チャイ ダウ</small>
髪をとかす

rửa mặt
<small>ズア マット</small>
顔を洗う

tập thể dục
<small>タップ テー ズック</small>
体操をする

ăn sáng
<small>アン サン</small>
朝食を食べる

thay quần áo
<small>タイ クアン アオ</small>
服を着替える

昼

đến trường (công ty)
デン　チュオン　　　コン　ティ
学校（会社）へ行く

học
ホック
勉強をする

làm việc
ラム　ビェック
仕事をする

làm việc nhà
ラム　ヴェック　ニャー
家事をする

ăn trưa
アン　チュア
昼食を食べる

nghỉ ngơi
ギー　ゴイ
ひと休みする

đi học về
ディ　ホック　ヴェー
下校する

đi làm về
ティ　ラム　ヴェー
退社（帰社）する

夜

mua sắm
ムア　サム
買い物をする

về nhà
ヴェー　ニャー
帰宅する

xem tivi
セム　ティーヴィー
テレビを見る

lướt web
ルオット　ウェブ
ネットサーフィンをする

tắm vòi hoa sen
タム　ヴォイ　ホア　セン
シャワーを浴びる

ăn tối
アン　トイ
夕食を食べる

tắm bồn
タム　ボン
風呂に入る

đi ăn
<ruby>ティー<rt></rt></ruby> <ruby>アン<rt></rt></ruby>
食事に行く

uống rượu
<ruby>ウォン<rt></rt></ruby> <ruby>ゾウ<rt></rt></ruby>
お酒を飲む

ăn tráng miệng
<ruby>アン<rt></rt></ruby> <ruby>チャン<rt></rt></ruby> <ruby>ミエン<rt></rt></ruby>
デザートを食べる

uống cà phê
<ruby>ウォン<rt></rt></ruby> <ruby>カー<rt></rt></ruby> <ruby>フェー<rt></rt></ruby>
コーヒーを飲む

nghe nhạc
<ruby>ゲー<rt></rt></ruby> <ruby>ニャック<rt></rt></ruby>
音楽を聴く

chơi với thú cưng
<ruby>チョイ<rt></rt></ruby> <ruby>ヴォイ<rt></rt></ruby> <ruby>トゥー<rt></rt></ruby> <ruby>クン<rt></rt></ruby>
ペットと遊ぶ

đi hát karaoke
<ruby>ディー<rt></rt></ruby> <ruby>ハット<rt></rt></ruby> <ruby>カラオケ<rt></rt></ruby>
カラオケに行く

ngủ
<ruby>グー<rt></rt></ruby>
寝る

đọc sách
<ruby>ドック<rt></rt></ruby> <ruby>サック<rt></rt></ruby>
本を読む

週末

ngủ dậy muộn
（グー　ザイ　ムォン）
朝寝坊をする

giặt quần áo
（ザット　クアン　アオ）
洗濯をする

dọn dẹp
（ゾン　デップ）
掃除をする

thong thả nghỉ ngơi
（トン　ター　ギー　ゴイ）
ダラダラと過ごす

lái xe
（ライ　セー）
運転する

vẽ tranh
（ヴェー　チャイン）
絵を描く

đi câu cá
（ディー　コウ　カー）
釣りをする

chơi thể thao
（チョイ　テー　タオ）
スポーツをする

đi du lịch
旅行に行く

nói chuyện với bạn bè
友だちとおしゃべりをする

đi xem hòa nhạc
コンサートに行く

xem phim
映画を見る

đi thư viện
図書館に行く

đi xem triển lãm
展覧会に行く

205

月日・曜日・時刻の表し方

月日

旧暦の1月を Tháng giêng <ruby>タン<rt></rt></ruby> <ruby>ジオン<rt></rt></ruby>
と言います

bốn では なく tư を
使います

日本語	ベトナム語	読 み
1月	tháng 1	タン モッ
2月	tháng 2	タン ハイ
3月	tháng 3	タン バー
4月	tháng 4	タン トゥ
5月	tháng 5	タン ナム
6月	tháng 6	タン サウ
7月	tháng 7	タン バイ
8月	tháng 8	タン タム
9月	tháng 9	タン チン
10月	tháng 10	タン ムォイ
11月	tháng 11	タン ムォイ モッ
12月	tháng 12	タン ムォイ ハイ

旧暦の12月を tháng chạp と言います。旧暦の
表現があるのは1月と12月だけです

曜日

曜日は〈ngày（日）+ 序数詞〉で「○番目の日」と表されます。実際は ngày はほとんどの場合省略されます。

日本語	ベトナム語	読み
月曜日	（ngày）thứ Hai	（ナイ）トゥー ハイ
火曜日	（ngày）thứ Ba	（ナイ）トゥー バ
水曜日	（ngày）thứ Tư	（ナイ）トゥー トゥ
木曜日	（ngày）thứ Năm	（ナイ）トゥー ナム
金曜日	（ngày）thứ Sáu	（ナイ）トゥー サウ
土曜日	（ngày）thứ Bảy	（ナイ）トゥー バイ
日曜日	（ngày）chủ Nhật	（ナイ）チュー ニャッ

漢字で書くと「主日」で、週の始まりを表します

bốn ではなく tư を使います

時刻

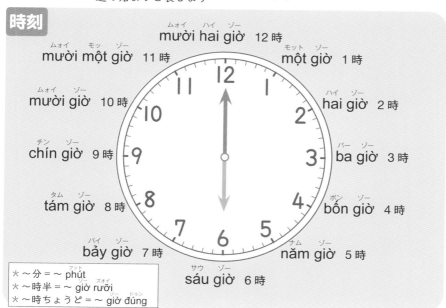

mười hai giờ 12時
ムオイ ハイ ゾー

mười một giờ 11時
ムオイ モッ ゾー

một giờ 1時
モッ ゾー

mười giờ 10時
ムオイ ゾー

hai giờ 2時
ハイ ゾー

chín giờ 9時
チン ゾー

ba giờ 3時
バー ゾー

tám giờ 8時
タム ゾー

bốn giờ 4時
ボン ゾー

bảy giờ 7時
バイ ゾー

năm giờ 5時
ナム ゾー

sáu giờ 6時
サウ ゾー

＊ ～分 = ～ phút（フッ）
＊ ～時半 = ～ giờ rưỡi（ゾー ズオイ）
＊ ～時ちょうど = ～ giờ đúng（ゾー ドゥン）

天候・季節の表し方

情緒的な比喩表現として trời đang khóc「泣いている」と言うこともあります。

天候

日本語	ベトナム語	読み
晴れ	nắng	ナン
曇り	mây	マイ
雨	mưa	ムア
雪	tuyết	トゥエット
雷	sấm chớp	サム チョップ
霜	sương muối	スオン ムォイ
霧	sương mù	スオン ムー
強風	gió mạnh	ゾー マイン
季節風	gió mùa	ゾー ムア
台風	bão	バオ
猛暑	oi bức	オイ ブック
雷雨	mưa dông	ムア ゾン
稲妻	sét	セット
吹雪	bão tuyết	バオ トゥエット

Bão trong lòng で「渦巻いた気持ち」を表します

バオ チョン ロン

季節 スアン ハー トゥー ドン Xuân hạ thu đông で「春夏秋冬」です。夏は hè でもよいですが hạ のほうがリズムよく発音できます。

日本語	ベトナム語	読み
季節	mùa	ムア
四季	bốn mùa	ボン　ムア
春	mùa Xuân	ムア　スアン
夏	mùa Hè	ムア　ヘー
秋	mùa Thu	ムア　トゥー
冬	mùa Đông	ムア　ドン
雨季	mùa mưa	ムア　ムア
乾季	mùa khô	ムア　ホー

天気予報で聞かれるフレーズ

日本語	ベトナム語
風が強く吹くでしょう。	コー　テー　セー　コー　ゾー　マイン Có thể sẽ có gió mạnh.
ところにより雨が降るでしょう。	コー　テー　セー　コー　ムア　ヴァイ　ノイ Có thể sẽ có mưa vài nơi.
夕方からは気温が下がります。	ニェット　ド　セー　ザム　スオン Nhiệt độ sẽ giảm xuống トゥ　チェウ　トイ từ chiều tối.
急な雷雨に注意してください。	ハイ　チュー　イー　ムア　ドン Hãy chú ý mưa dông, サム　チョップ　ドット　ゴット sấm chớp đột ngột.

自然を表す単語

núi ... で「〜山」となります。
川や湖なども同様です

đấtは「土」に関係する言葉に使われます
例）土地 = Đất đai、粘土 = đất sét

日本語	ベトナム語	読 み
山	núi	ヌイ
川	sông	ソン
海	biển	ビエン
湖	hồ	ホー
滝	thác nước	タック　ヌオック
空	bầu trời	バウ　チョイ
地面	mặt đất	マッ　ダット
月	mặt trăng	マッ　チャン
星	ngôi sao	ゴイ　サオ
太陽	mặt trời	マッ　チョイ
地球	trái đất	チャイ　ダット
虹	cầu vồng	カオ　ヴォン
木	cây	カイ
森	rừng	ズン
池	ao	アオ

「水田の稲」という意味合いをもっています

日本語	ベトナム語	読 み
畑	cánh đồng	カイン　ドン
田んぼ	ruộng lúa	ズオン　ルア
砂漠	sa mạc	サ　マック
湿地	đất ngập nước	ダット　ガップ　ヌォック
日の出	bình minh	ビン　ミン
夕焼け	hoàng hôn	ホアン　ホン
水たまり	vũng nước	ヴン　ヌォック
火山	núi lửa	ヌイ　ルア
海岸	bờ biển	ボー　ビエン
岩	đá	ダー
砂	cát	カット
波	sóng	ソン
道	con đường	コン　ドゥオン
密林	rừng rậm	ズン　ザム
草原	thảo nguyên	タオ　グエン
氷山	băng trôi	バン　チョイ

「海上を漂う氷」の意味合いなので、núi
「山」を使わない表現になっています。

動物を表す単語

lợn「ブタ」+ rừng「森」の組み合わせで
「イノシシ」になります

日本語	ベトナム語	読　み
犬	chó	チョー
猫	mèo	メオ
タヌキ	lửng chó	ルン　チョー
キツネ	cáo	カオ
ブタ	lợn	ロン
イノシシ	lợn rừng	ロン　ズン
牛	bò	ボー
羊	cừu	キュー
ヤギ	dê	ゼー
ニワトリ	gà	ガー
カラス	quạ	クア
スズメ	chim sẻ	チム　セー
白鳥	thiên nga	ティエン　ガー
カモメ	mòng biển	モン　ビエン
アヒル	ngan	ガン

日本語	ベトナム語	読み
カモ	vịt	ヴィット
猿	khỉ	キー
クマ	ngựa	グア
ネズミ	chuột	チュオッ
リス	sóc	ソック
ウサギ	thỏ	トー
魚	cá	カー
金魚	cá vàng	カー　ヴァン
コイ	cá chép	カー　チェップ
ヘビ	rắn	ザン
亀	rùa	ズア
カエル	ếch	エック
蝶	bươm bướm	ブオム　ブオム
トンボ	chuồn chuồn	チュオン　チュオン
蟻	kiến	キエン
蚊	muỗi	ムオイ

旧暦の12月23日、旧正月（テト）の前に、1年間家族を守ってくれた神様を天へ送るためCá chép「コイ」を買って川へ流す習慣があります。

植物を表す単語

ハスの花はベトナムの国花で、どんな苦しい環境にも"心正しく慎ましく"を美徳とするベトナム人の理想の姿を表しています

日本語	ベトナム語	読み
花	hoa	ホア
ツボミ	nụ	ヌ
葉	lá	ラー
枝	cành	カイン
幹	thân	タン
根	rễ	ゼー
実	qủa	クア
トゲ	gai	ガイ
ハス	hoa sen	ホア セン
菊	hoa cúc	ホア クック
スミレ	hoa violet	ホア ヴィオレット
スイセン	hoa thủy tiên	ホア トゥイ ティエン
ボタン	hoa mẫu đơn	ホア マウ ドン
バラ	hoa hồng	ホア ホン

誕生日や結婚式、ベトナム女性の日などに贈る花として欠かせません

腰を落ち着けておしゃべりするときは Hạt hướng dương「ヒマ
ワリの種」を食べながら話に花を咲かせます
（ハット　フォン　ズオン）

日本語	ベトナム語	読み
ヒマワリ	hoa hướng dương	ホア　フォン　ズオン
タンポポ	hoa bồ công anh	ホア　ボー　コン　アイン
チューリップ	hoa tulip	ホア　トゥリップ
ユリ	hoa loa kèn	ホア　ロアケン
アジサイ	hoa cẩm tú cầu	ホア　カム　トゥー　コウ
桜	hoa anh đào	ホア　アイン　ダオ
梅	hoa mơ	ホア　モー
米	gạo	ガオ
麦	lúa mì	ルア　ミー
穀物	ngũ cốc	グー　コック
種	hạt	ハット
浮き草	bèo	ベオ
サボテン	xương rồng	スオン　ゾン
ヤシの木	dừa	ズア
シュロの木	cọ	コ
竹	tre	チェー

行商人が肩に担ぐ天秤棒や編みカゴ、つまようじなど竹は生活
に密着したところでよく使われています

食べ物・調理方法を表す単語

ベトナムの主食は米で、野菜を多く食べる食習慣なので太っている人はほとんど見かけません

とろみのあるスープは
Súp と言います

日本語	ベトナム語	読み
白飯	cơm trắng	コム　チャン
パン	bánh mỳ	バイン　ミー
麺	mỳ	ミー
春雨	miến	ミエン
スープ	canh	カイン
牛肉	thịt bò	ティット　ボー
豚肉	thịt lợn	ティット　ロン
鶏肉	thịt gà	ティット　ガー
羊肉	thịt cừu	ティット　キュー
エビ	tôm	トム
カニ	cua	クア
イカ	mực	ムック
アワビ	bào ngư	バオ　グー
ウニ	nhím biển	ニム　ビエン
ホタテ	sò điệp	ソー　ディエップ

旧正月（テト）では、鶏1匹を丸ごとゆでて
レモン塩をつけて食べるのが定番です

巻き貝は Ốc と言います

日本語	ベトナム語	読み
アサリ	nghêu	ゲウ
貝	sò	ソー
マグロ	cá ngừ	カー　グー
アジ	cá nục	カー　ヌック
ニシン	cá trích	カー　チック
サバ	cá thu	カー　トゥー
タチウオ	cá hố	カー　ホー
コイ	cá chép	カー　チェップ
ナマズ	cá nheo	カー　ニェオ
ウナギ	lươn	ルオン
白菜	cải thảo	カイ　タオ
キャベツ	cải bắp	カイ　バップ
ネギ	hành hoa	ハイン　ホア
ニラ	hẹ	ヘ
ニンジン	cà rốt	カ　ロット
ニンニク	tỏi	トイ
うずらの卵	trứng cút	チュン　クット

パクチーはベトナムでさまざまな料理に使われています。苦手な人は
ドゥン チョー ザウ ムイ
đừng cho rau mùi.「パクチーを入れないでください」と伝えましょう

日本語	ベトナム語	読み
パクチー	rau mùi	ザウ ムイ
クレソン	cải xoong	カイ ソン
インゲン	đậu đũa	ダウ ドゥア
リンゴ	táo	タオ
オレンジ	cam	カム
パイナップル	dứa	ズア
ナシ	lê	レー
モモ	đào	ダオ
イチゴ	dâu tây	ザウ タイ
ブドウ	nho	ニョー
マンゴー	xoài	ソアイ
パパイヤ	đu đủ	ドゥー ドゥ
グアバ	ổi	オイ
スイカ	dưa hấu	ズア ハウ
ココナッツ	dừa	ズア
マンゴスチン	măng cụt	マン クット
ミカン	quýt	クイット

ベトナムではさまざまな果物を搾りたてで提供しているところが多く、広く人気が
ありますが、匂いが強いため飛行機内やホテルへの持ち込みは禁止されています

ライチは6〜7月が旬で、市場や路上で売っている姿をよく見かけるようになります

日本語	ベトナム語	読　み
ライチ	vải	ヴァイ
ドリアン	sầu riêng	ソウ　ジエン
プラム	mận	マン
バナナ	chuối	チュオイ
パッションフルーツ	chanh dây	チャイン　ザイ
ドラゴンフルーツ	thanh long	タイン　ロン
ザボン	bưởi	ブオイ
スターフルーツ	khế	ケー
ライム	chanh	チャイン
リュウガン	nhãn	ニャン
焼く	nướng	ヌオン
煮る	ninh	ニン
揚げる	rán / chiên	ザン／チエン
炒める	xào	サオ
茹でる	luộc	ルオック
蒸す	hấp	ハップ

ベトナムで「炒飯」は Cơm rang / chiên（南部）、
「焼きそば」は Mỳ xào と言います

国名を表す単語

ベトナムは19世紀後半から20世紀半ばまでの間フランスの植民地だったため、食事や言葉、建物などにフランス文化の影響が残っています

日本語	ベトナム語	読み
日本	Nhật Bản	ニャット　バン
アメリカ	Mỹ	ミー
イギリス	Anh	アイン
フランス	Pháp	ファップ
ドイツ	Đức	ドゥック
中国	Trung Quốc	チュン　クオック
インド	Ấn Độ	アン　ド
ロシア	Nga	ガー
インドネシア	Indonesia	インドーネーシーア
タイ	Thái Lan	タイ　ラン
カンボジア	Campuchia	カムブー　チア
ラオス	Lào	ラオ
マレーシア	Malaysia	マライシア
ミャンマー	Myanmar	ミーアンマー
韓国	Hàn Quốc	ハン　クオック
北朝鮮	Triều Tiên	チエウ　ティエン
台湾	Đài Loan	ダイ　ロアン
スペイン	Tây Ban Nha	タイ　バン　ニャー
チェコ	Cộng hòa Séc	コン　ホア　セック
トルコ	Thổ Nhĩ Kỳ	トー　ニー　キー

220

＊国名の先頭にngười（グイ）を付けると「〜人」という表現になります

職業を表す単語

nhân viên「スタッフ」công ty「会社」の組み合わせで表します

日本語	ベトナム語	読み
会社員	nhân viên công ty	ニャン ヴィエン コン ティ
教師	giáo viên	ザオ ヴィエン
医師	bác sỹ	バック シー
看護師	y tá	イー ター
銀行員	nhân viên ngân hàng	ニャン ヴィエン ガン ハン
販売員	nhân viên bán hàng	ニャン ヴィエン バン ハン
保育士	giáo viên mầm non	ザオ ヴィエン マム ノン
美容師	thợ làm tóc	トー ラム トック
介護士	điều dưỡng viên	ディエウ ドゥオン ヴィエン
プログラマー	lập trình viên	ラップ チン ヴィエン
職人	nghệ nhân	ゲー ニャン
政治家	chính trị gia	チン チ ザー
自営業	tự kinh doanh	トゥ キン ドアイン
ツアーガイド	hướng dẫn viên	フォン ザン ヴィエン
デザイナー	nhà thiết kế	ニャ ティエッ ケー
通訳者	phiên dịch viên	フィエン ジック ヴィエン

tự =「自分」kinh doanh =「経営する人」の組み合わせで表します

色を表す単語

「ブラックコーヒー」は cà phê đen と言います。ベトナムコーヒーは濃厚で苦いため、ブラックで頼んでも砂糖が入っています

日本語	ベトナム語	読み
赤	màu đỏ	マウ ドー
黒	màu đen	マウ デン
黄	màu vàng	マウ ヴァン
緑	màu xanh lá cây	マウ サイン ラー カイ
紫	màu tím	マウ ティム
オレンジ	màu cam	マウ カム
ピンク	màu hồng	マウ ホン
水色	màu xanh nước biển	マウ サイン ヌォック ビエン
灰色	màu xám	マウ サム
茶色	màu nâu	マウ ナウ
白	màu trắng	マウ チャン
青	màu xanh da trời	マウ サイン ザー チョイ
金色	màu vàng kim loại	マウ ヴァン キム ロアイ
銀色	màu bạc	マウ バック

vàng =「黄」kim loại =「金属」の組み合わせで表します

人称代名詞のまとめ

最後にベトナム語の要となる人称代名詞をもう一度まとめておきます。下の図は、人称代名詞の「あなた」を整理したものです。中心に「私」である一人称の tôi を置きました。

一人称と二人称

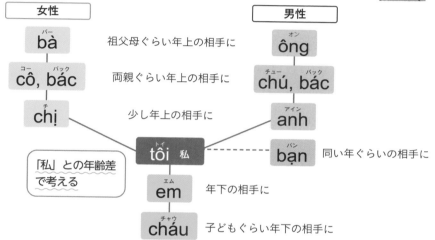

女性		男性
バー **bà**	祖父母ぐらい年上の相手に	オン **ông**
コー　バック **cô, bác**	両親ぐらい年上の相手に	チュー　バック **chú, bác**
チ **chị**	少し年上の相手に	アイン **anh**

「私」との年齢差で考える

トイ
tôi　私

バン
bạn　同い年ぐらいの相手に

エム
em　年下の相手に

チャウ
cháu　子どもぐらい年下の相手に

三人称

ベトナム語の三人称は、〈人称代名詞＋ấy〉で表現できます。

例		
バー　アイ **bà ấy**	彼女 （祖母ぐらい年上の場合）	オン　アイ **ông ấy**　彼 （祖父ぐらい年上の場合）

複数形

複数形にしたい場合は、〈các ＋人称代名詞〉で表現できます。そして三人称の複数形は〈các ＋人称代名詞＋ấy〉と重ねます。

例			
カック　チ **các chị**	あなたたち （少し年上の相手）	カック　アイン **các anh**	あなたたち （少し年上の相手）
カック　バー　アイ **các bà ấy**	彼女ら（祖母ぐらい 年上の場合）	カック　オン　アイ **các ông ấy**	彼ら（祖父ぐらい年 上の場合）

●著者
欧米・アジア語学センター　http://www.fij.tokyo
1994年設立。30か国語（1200人）のネイティブ講師を擁し、語学教育を展開。独自のメソッドによる「使える外国語」の短期修得プログラムを提供している。そのほかに、企業向け外国語講師や通訳の派遣、留学相談、通信教育も行っている。米国、ベトナムに提携校、韓国に姉妹校あり。
著書に『はじめてのベトナム語』『はじめてのインドネシア語』（欧米・アジア語学センター刊）、『中国語会話すぐに使える短いフレーズ』（高橋書店）などがある。

寺田　雄介（てらだ　ゆうすけ）
大学卒業後、国際協力機構（JICA）の青年海外協力隊としてベトナムに派遣される。帰国後、フリーの語学スペシャリストとして、ベトナム語講師・翻訳・通訳、ベトナム語放送のディレクター業務を委託される。国際協力に関する講演も多数。
著書『ゼロからスタート！　仕事で使えるベトナム語』（DHC出版）。

本書に関するお問い合わせは、書名・発行日・該当ページを明記の上、下記のいずれかの方法にてお送りください。電話でのお問い合わせはお受けしておりません。
・ナツメ社webサイトの問い合わせフォーム
　https://www.natsume.co.jp/contact
・FAX（03-3291-1305）
・郵送（下記、ナツメ出版企画株式会社宛て）
なお、回答までに日にちをいただく場合があります。正誤のお問い合わせ以外の書籍内容に関する解説・個別の相談は行っておりません。あらかじめご了承ください。

CD付き　オールカラー
基礎からレッスン
はじめてのベトナム語

ナツメ社Webサイト
https://www.natsume.co.jp
書籍の最新情報（正誤情報を含む）はナツメ社Webサイトをご覧ください。

2020年 9月 1日　初版発行
2024年 7月10日　第6刷発行

著　者　欧米・アジア語学センター　©Euro-America Asia Language Center of Japan, 2020
　　　　寺田雄介　©Terada Yusuke, 2020
発行者　田村正隆
発行所　株式会社ナツメ社
　　　　東京都千代田区神田神保町 1-52　ナツメ社ビル 1F（〒 101-0051）
　　　　電話　03（3291）1257（代表）　FAX　03（3291）5761
　　　　振替　00130-1-58661
制　作　ナツメ出版企画株式会社
　　　　東京都千代田区神田神保町 1-52　ナツメ社ビル 3F（〒 101-0051）
　　　　電話　03（3295）3921（代表）
印刷所　ラン印刷社

ISBN978 - 4 - 8163 -6891 - 2　Printed in Japan
〈定価はカバーに表示してあります〉〈落丁・乱丁本はお取り替えします〉

※本書の一部または全部を著作権法で定められている範囲を超え、ナツメ出版企画株式会社に無断で
　複写、複製、転載、データファイル化することを禁じます。